MW01241092

LA MUJER DOMINICANA EN PUERTO RICO: SU INTEGRACIÓN AL CAMPO PROFESIONAL (1961-1975)

SANTA A. PÉREZ NIVAR

Centro de Estudios e Investigaciones del
Sur Oeste de Puerto Rico
Editorial Akelarre
2017

La mujer dominicana en Puerto Rico: Su integración al campo profesional (1961-1975)

Copyright 2017

© Santa A. Pérez Nivar

Prólogo de Migdalia Núñez

Asesor editorial: Pablo L. Crespo Vargas

Todos los derechos reservados. Ninguna parte de este libro puede ser reproducida o trasmitida de cualquier forma o por cualquier medio, electrónico o mecánico, incluyendo fotocopia, grabación, o por cualquier sistema de almacenamiento y recuperación, sin permiso escrito de su autor, el Centro de Estudios e Investigaciones del Sur Oeste de Puerto Rico y la Editorial Akelarre.

Primera Edición
diciembre 2017

Editorial Akelarre
Centro de Estudios e Investigaciones del Sur Oeste (CEISO)
Lajas, Puerto Rico

All rights reserved.
ISBN: 198133789X
ISBN-13:   978-1981337897

CONTENIDO

Prólogo por Migdalia Núñez   5
Dedicatoria   7
Agradecimientos   9
Comentarios de la autora   11
Introducción   15
Hostos y la educación de la mujer dominicana   25
    Mayagüez, ¿ambiente dominicano?   25
    Obras de Eugenio María de Hostos   26
    La educación científica de la mujer   29
    Historia de la familia Hostos   31
    Ciudadano de América   32
    La educación de la mujer   33
    Hostos y el pensamiento social iberoamericano   36
    Grandes figuras con ideales patrióticos en Latinoamérica   39
    Salomé Ureña   40
    Historiografía sobre Hostos   44
    Conclusión   49
Trasfondo histórico   51
La educación de la mujer dominicana en la Era de Trujillo:
1930-1961   67
Éxodo de la mujer dominicana a Puerto Rico   83
    Acciones antitrujillistas en Puerto Rico   92
    La lucha de la mujer dominicana en Puerto Rico 95
La mujer dominicana en Puerto Rico hasta 1975   99
    Ejemplo de mujeres en el exilio   122
    Algunas conclusiones   125
Mujeres dominicanas profesionales en Puerto Rico   129
    Ejemplos de mujeres profesionales dominicanas 133
Conclusión   143
Bibliografía   151
Sobre la autora   159

PRÓLOGO
Por Migdalia Núñez

El libro de la Dra. Santa Pérez Nivar, *Éxodo de la mujer dominicana a Puerto Rico: su integración al campo profesional puertorriqueño 1961-1975*, aporta significativamente a la historiografía moderna, integrando aspectos sobre el impacto de la educación científica de la mujer que plantea Eugenio María de Hostos y las vivencias de las mujeres entrevistadas en su investigación. Hostos, quien creía en la importancia de la educación de la mujer, pensaba que la primera base de los fines contenidos era la educación científica de la mujer. Consideraba que educando a la a mujer se adquiría la verdad y que la función de una mujer educada es difundir los principios eternos de la ciencia contenidos en la verdad. Estos principios de Hostos impactaron las vidas de las mujeres dominicanas. La investigación presenta a Salomé Ureña, quien, influenciada por Hostos, desarrolla cambios innovadores y trascendentales en la educación de la mujer quisqueyana.

Vemos en esta obra la realidad de muchas mujeres dominicanas. Entre ellas: las grandes luchas para educarse y profesionalizarse. La exposición de la autora muestra los aspectos más relevantes de la mujer profesional dominicana y sus aportaciones al país que las recibió. Las vivencias propias de la autora muestran el ejemplo de la realidad que vivieron y su deseo de superación y logros significativos en el país receptor.

Este libro describe las razones por las cuales emigraron las mujeres dominicanas a Puerto Rico. Presenta a las mujeres exiliadas que llegaron a Puerto Rico por la situación política que imperaba en su país. También describe otras razones de índole económico, social y cultural. Ya sea la causa, estas mujeres emigraron a Puerto Rico en las décadas que comprende el estudio y la gran mayoría finalizó estudios profesionales o técnicos, ejerciendo como parte de la fuerza laboral puertorriqueña.

Es por esto por lo que una de las aportaciones más valiosas de esta obra es el trabajo biográfico de mujeres destacadas en diversas funciones en Puerto Rico. El mismo resalta la diversidad de funciones que estas mujeres realizaron aportando de manera significativa a la vida social, cultural, política y económica de Puerto Rico. Sus luchas en la búsqueda de la igualdad en derechos, abrió oportunidades de desarrollo para las futuras generaciones de mujeres dominicanas en Puerto Rico. La obra muestra la diversidad en oficios y trabajos que desempeñaron, siempre buscando oportunidades para superarse.

Otra aportación valiosa son las entrevistas a mujeres dominicanas profesionales en Puerto Rico que se han destacado en diversos campos. A través de la tradición oral se pudo reconstruir parte de esta historia. Estas entrevistas ofrecen información valiosa que muestra el deseo de superación, el esfuerzo y la dedicación para ayudar a sus familias. Se muestra además su inmenso valor para desarrollarse dentro de una sociedad que limitaba su esfuerzo por superarse.

La obra hace una invitación a futuros historiadores para unir todos estos elementos presentados y realizar de ellos investigaciones que pueden traer nuevas aportaciones dando lugar a estudiar el legado de estas mujeres.

DEDICATORIA

A mi Padre Celestial. A Josefa Nivar Fernández, mi madre amiga, confidente, mujer de lucha incansable que no se detuvo nunca ante la adversidad de la vida dándonos apoyo incondicional hasta su muerte. Quien en su convalecencia lloraba y yo le pregunté madre, ¿por qué lloras? Ella me contestó, no lloro porque me voy de este mundo natural, sino porque los dejo a ustedes. A ti mi madre, Josefa Nivar, amante de los estudios y el crecimiento del ser humano. A ti mi madre que no sabes la falta que me haces a tus tres años de muerta. Me hubiese gustado que compartieras mis logros hoy. A ti madre, sé que estás con nuestro Cristo de la Gloria.

Dedico estas páginas a mi familia, la actual y mis ancestrales. Porque de ellos aprendí el valor de la lealtad, valores y principios que me han servido para mi familia de ahora y me enseñaron que uno es lo que quiere ser. A mi padre Andrés Pérez Sena. A mi esposo Dr. José A. Brea, cirujano, a mis hijos Dra. Isabel J. Brea Pérez (MD) y José Brea Pérez (B.A. en Administración de Negocios en UMass y M.A. en Economía en Boston University) y a mis hermanos.

"Dios es Bueno" Amén.

Santa Argentina Pérez Nivar

Josefina Rufino Nivar

AGRADECIMIENTOS

Al Dr. Pedro González, Catedrático de Historia, Universidad Interamericana de Puerto Rico, Recinto Metropolitano en Rio Piedras, Puerto Rico. Por su magistral dirección e ilustres consejos.

A la Dra. Migdalia Núñez, compañera de estudios, por su apoyo en este trabajo investigativo.

Al Dr. Federico Barredas, quien fue uno de mis primeros pilares en este proceso.

A mi esposo, Dr. José A. Brea Pimentel, cirujano que siempre me ayudó en todo para que yo continuara la lucha en superación y perseverancia.

A la Dra. Isabel J. Brea Pérez, mi hija querida por su esfuerzo y cariño hacia mí, para animarme y motivarme a seguir.

Igualmente, a mi hijo José A. Brea Pérez, que siempre creyó en su madre como forjadora y luchadora de sus logros y su perseverancia.

A la Dra. Ivette Pérez que defendió mi teoría de que el que persevera, triunfa y como ex directora del Programa de Historia me apoyó y creyó en mí en todo momento.

Al Dr. Rafael Cabrera Collazo, Vicepresidente de Asuntos Académicos de la Universidad Interamericana de Puerto Rico, quien depositó una gran confianza en mi proyecto y en los documentales que presentaba en el salón de clases.

Al Dr. Luis A. Ferrao, Rector Interino del Recinto de Río Piedras de la Universidad de Puerto Rico, por todo el conocimiento que aprendí y las destrezas que desarrolló en mí.

A mí querida amiga, colega y profesora Gisela Torres, por su comparecencia y apoyo, colaborando en el proceso técnico y magistral organizando y ordenando este trabajo de investigación histórica.

A mi compañera y colega Dra. María D. González García por su compañerismo y ayuda.

Paula Olivo

Teresa Montilla Montilla

COMENTARIOS DE LA AUTORA

Recuerdo que mi país vivía uno de los mayores estragos de una guerra civil comenzada el 24 de abril de 1965. La misma provocó la entrada de los norteamericanos a la República Dominicana. Estaba próxima a cumplir mis 17 años y la inestabilidad existente en mi tierra después de la muerte del generalísimo Trujillo Molina era mucha. Aunque parezca extraño, una gran cantidad de personas lamentaron la inseguridad política y la ausencia del llamado Benefactor de la patria. Hoy día, la realidad es otra, en aquel momento nadie era trujillista, a la vez que, él era considerado un asesino. Aclaro esta situación porque eso fue lo que vi y viví en República Dominicana.

Sí, tenía conocimiento y escuchaba los comentarios de que había personas que salían del país porque no estaban conforme con el sistema de gobierno; otros lo hacían con el pretexto de estudiar. De ambos hablo en mi investigación. Como nos narra la colega Myrna Herrera, este tema era uno desconocido e inexplorado. De hecho, esto me motivó a indagar sobre la educación de la mujer dominicana y su preparación académica en Puerto Rico. Porque decimos esto, por la discriminación que estas mujeres sintieron y que me dejaron saber en las entrevistas realizadas. Se sentían atemorizadas, puesto que se le hablaba y miraba por encima del hombro, por lo tanto, no se atrevían salir y decir a viva voz su preparación, y menos, los logros alcanzados en el país receptor.

Aun en mis años de estudios en Puerto Rico, que datan desde 1970, descubrí la verdad auténtica del rechazo que vivían estas mujeres, tuve una buena experiencia en las relaciones comerciales que mantenía Puerto Rico y República Dominicana ya que anterior a estos eventos mis padres comercializaban entre ambas naciones. Luego decidieron radicarse en Puerto Rico permanentemente. Comencé a estudiar cosmetología en la Academia

Puertorriqueña de Belleza en Santurce y su directora era Ramonita García, no porque me interesaba sino más bien por complacer a mi novio en Santo Domingo, a quien le gustaba esa carrera. Obtuve el grado y la licencia de cosmetología de Puerto Rico por el Departamento de Estado. Luego continué estudios y comencé a trabajar, pero no estuve mucho tiempo; aspiraba tener una preparación académica, me casé y comencé a tener prole por la cual decidí continuar mis estudios universitarios.

Ya de antemano veía cómo mis compatriotas venían por diferentes vías, lograban estudiar y tener un grado académico; superándose o mejorando su situación académica. Recuerdo que era muy observadora y curiosa, siempre preguntaba cómo habían llegado a Puerto Rico. Unos me decían la verdad y otros mentían, por su estatus migratorio y su inestabilidad, tenía deseos de ayudar, pero unos contaban con visa turística y otros con contrato de trabajo, lo cual con el tiempo legalizaban su estatus. Conocía las diferentes razones de la emigración y los requisitos que se necesitaban en cada caso para radicar residencias y ciudadanía norteamericana. Mis allegados siempre me tenían al tanto con un conocimiento vasto en la materia.

Traté de identificar una serie de información, muy encomiable para estas mujeres que de una u otra forma legalizaron su vida y siguieron hacia adelante, aunque con escollos y tropiezos, no claudicaron en dicha empresa. Ya en la Universidad Interamericana de Puerto Rico, mi Alma Máter, logré graduarme en 1974 de Psicología. Para 1978 había tomado cursos de varias concentraciones en Sociales, Educación, entre otros. ¿Qué más hice? Trabajé con mi esposo en la oficina médica, fui ama de casa, chofer, educadora de mis hijos, secretaria, supervisora dentro del marco que me permitiera el tiempo. Estuve pendiente de prepararme académicamente sin perder de vista, la preparación y cuido de mis hijos, ¿Qué ejercía? Me pregunté, ¿no es mejor ser profesora y dedicarme a cuidar y velar por mis hijos cuando regresen del colegio? Tenía a uno estudiando en San Ignacio de

Loyola y a mi hija en Cupeyville. En ese trayecto estuve hasta que ellos fueron a estudiar fuera del país a la Universidad Central de Florida en Orlando y el otro a la Universidad de Massachussets.

Ejercí como profesora de Historia en la escuela superior Margarita Janer Palacios de Guaynabo y volví a la Interamericana a tomar cursos graduados en Historia, pues siempre he dicho que la vida es una historia y todos incursionamos de una u otra forma en ella. Les hacía un croquis a mis estudiantes y les decía que la vida, por menos que parezca, era parte de una historia y que cada capítulo había que documentarlo. Seguí con mis inquietudes de las mujeres de mi país y su preparación, me angustiaba saber que solo se hablaba de que ellas realizaban servicios de ama de llave, otras que se dedicaban a la vida alegre en bares y restaurantes, pero nada más. En el salón de clases trataba de escoger un tema relacionado a esto para discutirlo con los estudiantes: se hablaba de su libertad, sus tertulias, o sus oficios. Sabían que había algo más. Quería saber cuántas de ellas estaban preparadas en otros campos y a la vez documentarlo.

Se me ocurrió hacer un trabajo de campo con mis estudiantes. Se preparó un formulario para que realizaran entrevistas a mujeres dominicanas. Así lo hicimos. Luego, verificaba la información con la entrevistada y mi asombro fue enorme por la cantidad de mujeres que encontramos. Luego en mi salón de clases en la universidad tuve una compañera que me hablaba de su mamá que trabajó en el Colegio Adventista de Mayagüez hoy Universidad Adventista de las Antillas. Mi sorpresa fue enorme y de gran satisfacción. A esto, el director de esta institución era dominicano de apellido Mena. Con su conocimiento creé la base para escribir de todas estas profesionales que se desarrollaron entre 1961 y 1975.

Estas entrevistas fueron fuentes primarias que aumentaron las ya trabajadas en el área metropolitana. En fin, se hizo realidad lo que tanto deseaba: poder presentar la realidad de la mujer dominicana que se había preparado en Puerto Rico. A pesar de que todo no ha sido color de rosa para la mujer dominicana, si podemos decir que muchas se educaron y desarrollaron profesionalmente logrando ser entes triunfadores en el país receptor. Al analizar el desarrollo de la emigración dominicana en Puerto Rico después de la muerte de Rafael Leónidas Trujillo Molina queda claro, conciso y preciso que la estadía de estas emigrantes fue para bien. Hoy, las generaciones surgidas de esas emigrantes pueden decir con orgullo que son puertorriqueños surgidos de mujeres dominicanas que en un momento dado lucharon para poderles ofrecer un mundo mejor. Puesto que cuando el Creador pensó en nosotros pensó que todos somos iguales.

Es menester aclarar mi experiencia en el tema de los trujillistas, que tantos dolores de cabeza ha dado. Mi opinión es que: ¿Quién no lo fue? Que tire la primera piedra el que esté libre de culpa. Cuando murió salieron a relucir todos y cada uno de los antitrujillistas que estudiaron con la ayuda del Benefactor y porque sin apasionamiento él se movía como tú y yo entre el bien y el mal. Porque, si fueran errores lo que Dios mirara, ¿Quién estaría en pie? Mi experiencia de la época de Trujillo fue que todo era color de rosa, vi en él a una persona humanista con orden y certeza en su planteamiento, ayudaba al más necesitado y quería el bienestar de su gente. Para él su prioridad era la educación de los jóvenes, porque de ellos tenía el país hombres honestos y de trabajo.

Me despido con este pensamiento: "no juzgues para no ser juzgado".

INTRODUCCIÓN

Diversas investigaciones demuestran que la emigración entre las islas del Caribe, específicamente Puerto Rico y La Española, datan desde los tiempos prehispánicos hasta nuestros días. La emigración a finales del siglo XVIII fue muy numerosa. Los estrechos vínculos que han existido entre aguadillanos y dominicanos se acrecentaron cuando a finales del siglo XVIII, decenas de personas procedentes, especialmente de Saint Domínguez francés llegaron al puerto de Aguadilla. En 1796 desde La Española hubo otra ola de emigrantes dominicanos. Llegaron a la recién fundada población en Aguadilla, luego que España cediera a Santo Domingo a Francia mediante el "Tratado de Basilea".

Según Agustín Stahl apuntaba en su libro *Fundación de Aguadilla*[1], emigrantes de grandes familias adineradas, todas industriales, en menor o mayor grado, establecieron su residencia en el barrio Higüey en Aguadilla, tomándolo como suyo al recordar al pueblo de Higüey en República Dominicana. Entre estas familias podemos mencionar a los Médranos, Sorianos, Esteves y los Bauza. Las mismas se entrelazaron matrimonialmente a medida que pasaba el tiempo. Consultando varios autores como Jorge Duany y César Rey[2], ambos están de acuerdo en lo que Jaime Benítez nos plantea sobre el asunto de la emigración: "Llegamos a la triste realidad que la emigración es un problema mundial, es un asunto muy complejo que atañe a cada nación".[3]

---

[1] Agustín Stahl, *Fundación de Aguadilla*, San Juan Puerto Rico, 1908, pp.12-13. Agustín Stahl fue un médico y científico puertorriqueño que también fue reconocido por su aportación al estudio de la historia de su país.

[2] Ibíd., p. 42.

[3] Jaime Benítez, "Discurso pronunciado por el rector en la gran convención de orientación social, y el problema de emigración", *Revista Colección Puertorriqueña*, 9 de diciembre de 1955.

A través de esta investigación tuvimos la oportunidad de compartir varios seminarios de investigación social sobre el desarrollo humano del individuo y su medio ambiente. Además, estudiamos documentos relacionados con la mujer dominicana y su rol en Puerto Rico, lugar que acogió su interés de superación y deseo de desarrollarse de manera profesional.

Las experiencias con ellas nos dieron la oportunidad de escudriñar más a fondo sus múltiples funciones. Mientras se desempeñaban en diversos trabajos, se preparaban en el ámbito educativo para alcanzar sus metas profesionales. Aun sin recursos, sin becas y quizás con un estatus migratorio ambivalente, luchaban contra viento y marea para obtener sus sueños. Sin embargo, para otros no fue así, según indica Jaime Benítez: "La mujer se educa en una sociedad todavía inestable, se reordena y trata de integrarse, pero nota que no es aceptada por una sociedad que la juzga por su condición de emigrante, y otra atenuante es la democratización de lujo, niveles de aspiraciones en el mundo que la rodea".[4]

Estas emigrantes son seres humanos que van en busca de superación y oportunidad de empleo. Los estudios de casos realizados en los anuarios de la Universidad Adventista de Mayagüez entre los años de 1960 y 1975, mostraron que la mayor parte de los emigrantes dominicanos no eran campesinos empobrecidos, sino que tienden a ser trabajadores urbanos que se encontraban empleados en el momento de emigrar a los Estados Unidos o Puerto Rico. Además, tienen un alto grado de escolaridad y la gran mayoría de ellos tienen algún tipo de preparación académica. Este precisamente es uno de los puntos que investigamos en fuentes primarias y secundarias. Sobre la comunidad dominicana en Puerto Rico, se debe tomar en consideración que la misma es heterogénea, es decir, que hay un sector que desempeñaba trabajos profesionales. Según el censo

---

[4] Ibíd., p. 12.

del 1970[5] en Puerto Rico, el 15% de los dominicanos se identificaban como profesionales; médicos, abogados, ingenieros, incluyendo enfermeras, secretarias entre otras profesiones. Notamos tener un grupo mixto en términos ocupacionales.

Entre 1930 al 1950 hubo una emigración forzosa. Particularmente, las mujeres emigraban por la situación política y económica que vivía su nación. La investigadora Myrna Herrera nos habla sobre las mujeres exiliadas antitrujillistas en Puerto Rico debido a la mala administración de bienes y servicios gubernamentales que vivía su nación.[6] Por otra parte, Gabriela Malgesini, en su libro *"Extranjeros en el paraíso"*, 1994[7]; hizo referencia a las menos afortunadas, que con su valentía y acostumbrada perseverancia soportaron el hacinamiento y sus males, sufragios de amigos y familiares por luchar y seguir hacia adelante capacitándose en programas de diferentes áreas de su vida incluyendo la educación. Hoy vemos hecho realidad el discurso pronunciado por el rector de la Universidad de Puerto Rico, Jaime Benítez, cuando resaltó el problema de la emigración en la *Revista Colección Puertorriqueña* el 9 de diciembre de 1952.[8]

Myrna Herrera Mora en su discurso dictado en la VII Feria del Libro en San Juan, sobre "Manifestaciones políticas y culturales de las mujeres exiliadas en Puerto Rico durante la dictadura trujillista de 1930 – 1961", indicó que la migración fue de gran riqueza y diversidad.[9] Las mujeres emigrantes estaban dispuestas a seguir en sus luchas antitrujillistas, rechazaron y conspiraron contra Trujillo, denunciaron la dictadura, desarrollaron movimientos clandestinos y continuaron su lucha desde

---

[5] Jorge Duany, *Los dominicanos en Puerto Rico. 1960-1970*, Edición Huracán, San Juan, 1990, pp. 43-49.

[6] Myrna Herrera Mora, *Mujeres Dominicanas 1930-1961: Antitrujillistas y exiliadas en Puerto Rico*, Edición Isla Negra, San Juan 2008, p. 28.

[7] Ibíd., p. 43.

[8] Gabriela Malgesini, *Extranjeros en el paraíso*, Editora Virus, España, 1994, p. 53.

[9] Jaime Benítez, "Discurso…", p. 13.

el exilio aun cuando esto tuviera repercusiones políticas tales como encarcelamientos, represalias, desaparición o muerte. Esto explica las razones por las cuales no se encuentra información en los documentos en la historia oficial de la República Dominicana sobre la participación de la mujer. Sin embargo, en el Archivo Nacional de República Dominicana los documentos, cartas y periódicos lo confirman. En este entonces, Trujillo marginó a estas mujeres cerrándole las puertas en todo lo que se proponían por hacer oposición abiertamente al régimen. Este es el caso de la doctora Andrea Evangelina Rodríguez, quien fue la primera mujer dominicana que se graduó de medicina y quien realizó importantes contribuciones a la salud. En 1903 se inscribió en la Escuela de Medicina de la Universidad de Santo Domingo. En el 1911, recibió un título en medicina. Luego se fue a ejercer la profesión en San Francisco de Macorís, donde laboró para ganar dinero, teniendo como meta el irse a París a hacer su especialidad en ginecología, obstetricia y en pediatría. Regresó de París a San Pedro de Macorís en 1925 donde trabajó con un médico francés y luego puso su consultorio y estableció un programa llamado "la gota de leche", en la cual suministraba leche a las madres para sus bebés y otros proyectos de planificación familiar. Otro ejemplo que podemos mencionar es Ercilia Pepín, educadora, quien se destaca por ser la primera mujer dominicana en iniciar el movimiento feminista en el país defendiendo a viva voz los derechos de la mujer. Esta se opuso a la entrada de los norteamericanos en 1916.

Ginette Candelario plantea que "desde los años 70 se vivió la época de la dictadura militar en Latinoamérica cuando miles de personas fueron obligadas a desplazarse hacia otros países. En el caso de la República Dominicana hubo una migración forzada como resultado de los problemas políticos y sociales que vivía la Nación".[10] Podemos inferir que Puerto Rico demostró ser un

---

[10] Ginette E. Candelario, *Miradas descendentes. Archivo general de la Nación: Centro de estudios de género*, Intec. Santo Domingo, República Dominicana, 2005, p. 45.

buen anfitrión de emigrantes, especialmente de los dominicanos desde la década del 60 hasta nuestros días. Según el autor Agustín Stahl "muchos de los emigrantes vivían en el barrio Higüey en Aguadilla, Puerto Rico, tal vez conmemorando al pueblo de Higüey igualmente al de República Dominicana".[11] Para los siglos 18 y 19 el flujo de dominicanos influyó mucho en el desarrollo de la ciudad de Aguadilla, destacándose el Higüey del pueblo dominicano dejando huellas imborrables en Puerto Rico.

Para los años 1965-1969 el motivo esencial de la migración dominicana parece estribar en los vínculos con los Estados Unidos y la invasión a Santo Domingo por la marina de los Estados Unidos[12], aumentando la cifra de emigrantes a Puerto Rico. Natalia Bonilla, en su ensayo "El rol de grupo en la crisis de Puerto Rico" nos narra cómo después de la muerte de Trujillo en 1961, promovió la salida de un grupo de migrantes entre ellos, exiliados y egresados. El problema grande de emigrantes ocurrió entre 1961-1965 motivado por la inestabilidad política de la Guerra Civil debido a la entrada de los estadounidenses a ese país el 25 de abril de 1965.[13]

Igualmente coincide con este planteamiento la española Gabriela Malgesini, autora del libro "*Extranjeros en el Paraíso*".[14] Ella enfatiza que millones de personas cada año se ponen en camino hacia otros lugares donde pueden mejorar sus expectativas de vida y asegurar su supervivencia empujados en algunos casos por la pobreza y en otros por la violencia política en su país de origen. Para este trabajo hemos investigado diversas fuentes primarias y durante la visita a la sala de investigaciones de la Biblioteca José M Lázaro en la Universidad de Puerto Rico,

---

[11] Agustín Stahl, *Ambiente Dominicano en Aguadilla siglos XVIII, XIX*, en Htts/es.screbd.com, www.elnuevodia.com hogar, nota, accesado: 9 de mayo de 2015
[12] Marcelino Zapico, *Revolución en Hispanoamerica: Lo que vi en Santo Domingo.:25 de abril de 1965*, España, pp. 62-63.
[13] Ibíd., p. 65.
[14] Gabriela Malgesini, *Extranjeros...*, p. 56.

particularmente, se revisó el periódico *El Mundo*,[15] donde se encontró una cifra de sobre 6,000 migrantes, entre ellos exiliados políticos que emigraron después de la muerte del "Generalísimo".

Hernández Argueira[16] identificó en su trabajo otro grupo de mujeres emigrantes quienes laboraban para acumular un ingreso y llevarlo a su comunidad de origen, estableciendo lazos sociales dentro de la comunidad receptora.

Logramos identificar una amplia variedad de fuentes y la colaboración de personas e instituciones como, por ejemplo: la Universidad Adventista de las Antillas en el área oeste en Mayagüez. Se consultaron importantes colecciones de anuarios y revistas de graduados dominicanos que datan del 1961 hasta el 1975. Visitamos varias universidades en Puerto Rico, tales como la Universidad de Puerto Rico, Recinto de Río Piedras, Universidad Interamericana de Puerto Rico, Recinto Metropolitano, entre otras y no encontramos evidencia de los anuarios de las estudiantes dominicanas como constancia de su preparación académica y solo encontramos casos aislados por conocimiento de personas allegadas, amistades, que daban testimonio de que allí en algunos o varios años habían pasado dominicanas preparadas académicamente y que trabajaron en diversos lugares.

Inclusive, se pudieron identificar profesores graduados cuyos expedientes revelaron que impartieron enseñanza en dichas universidades. Sin embargo, en la Universidad Adventista de las Antillas en el área oeste en Mayagüez se encontró de aquellas estudiantes dominicanas que se habían graduado desde el 1961 hasta el 1975. Mediante la *Revista Flamboyán* de la Universidad Adventista se obtuvo la información necesaria para sustentar la

---

[15] *El Mundo*, 22 de abril de 1961, p. 23.
[16] César A. Rey Hernández & Luisa Hernández Argueira, *La trata de personas en Puerto Rico: Un reto a la invisibilidad*, Universidad de Puerto Rico, Río Piedras, 2010, p. 58.

hipótesis de esta investigación con fuentes primarias y demostrar la importancia de la participación de las mujeres en la lucha política que se desarrolló en la República Dominicana bajo el régimen dictatorial. Por otra parte, Myrna Herrera señala "la resistencia a la dictadura por parte de mujeres valiosas que hoy día permanecen activas en el servicio de la enseñanza puertorriqueña".[17]

Este trabajo consta de seis apartados o capítulos. El primero habla sobre la figura de Eugenio María de Hostos y la educación de la mujer dominicana. El propósito de este apartado es reconocer la influencia de Hostos en la educación de la mujer en la República Dominicana. Su contribución y su legado hicieron posible un cambio significativo en la forma de enfocar la educación de la mujer dominicana.

En el segundo apartado se analiza el periodo desde el 1924 hasta el 1930. Hablamos sobre el trasfondo histórico de República Dominicana y la bonanza y el avance de la nación en la agricultura, tecnología, la educación y una prosperidad y bienestar llamada "La danza de los millones"[18] siendo protagonista la administración de Ramón Cáceres con poca duración ya que fue asesinado por el ejército nacional.

En el tercer capítulo estudiaremos la educación de la mujer dominicana en la era de Trujillo 1930-1961. Hablaremos del régimen militar de Trujillo Molina lo cual comenzó en el año 1930, sustituyendo al entonces presidente Horacio Vázquez con unas elecciones fraudulentas. Este líder venía de una familia de militares como lo fue su abuelo paterno y su padre de quienes heredó sus prácticas en la milicia. Se inició en el ambiente político de la historia cultural dominicana ejerciendo una influencia mayor entre sus grupos. A partir de su régimen comenzó "la odisea del pueblo dominicano". La dictadura de

---

[17] Myrna Herrera Mora, *Mujeres dominicanas...*, p. 76.
[18] Danza de los Millones se refiere al periodo de prosperidad existente en el gobierno de Horacio Vázquez y Ramón Núñez Cáceres en Santo Domingo entre 1920 y 1924.

Trujillo al inicio de la década del 1930 coincidió con el feminismo que tomaba auge para ese tiempo en la República Dominicana y presentó un obstáculo para el desarrollo de la dictadura y la participación de la mujer.

En el cuarto capítulo, estudiamos el éxodo de la mujer dominicana a Puerto Rico. Presentaremos el problema emigratorio desde la muerte del generalísimo Rafael Trujillo a través de varios autores y fuentes consultadas, tanto primarias como secundarias. Llegamos a la realidad que a pesar de que la emigración es un problema mundial, fue un dolor de cabeza para el pueblo dominicano. Como sabemos la emigración se encuentra en todas las partes del mundo con sus dificultades, los ajustes, los procesos de adaptación que supone encontrarse con los conflictos en situaciones precarias tratando de sobrevivir en un mundo difícil y desconocido para ellas (dominicanas). Desde antes de la muerte del general Trujillo, ya pernoctaban en Puerto Rico, un grupo de mujeres que resistían la dictadura Trujillista, destacándose como luchadoras las antes mencionadas, Evangelina Rodríguez, primera doctora en medicina y Ercilia Pepín, educadora y activista de los derechos de la mujer.

Examinamos datos y fuentes primarias para aglutinar la información de los participantes, o la clientela existente en las áreas de profesiones desempeñadas en Puerto Rico. En este planteamiento revisamos criterios anteriores examinando reflexiva y objetivamente la posición de la mujer y su preparación académica en Puerto Rico entre los años 1961-1975. También explicamos, si la legalidad contribuyó en gran medida a su formación académica en las instituciones universitarias puertorriqueñas ayudando así a conseguir las ayudas económicas para sus estudios universitarios.

En el quinto capítulo estaremos realizando un censo de mujeres profesionales que llegaron a Puerto Rico entre 1961 a 1975. En el mismo presentamos la biografía de mujeres que iniciaron su lucha para incorporarse al mundo del trabajo desde la República Dominicana y continuaron en Puerto Rico sus estudios o ejerciendo sus profesiones y aportando a la vida social y política del país receptor. También observaremos la recopilación de datos obtenidos del anuario de la Universidad Adventista de Las Américas en Mayagüez. Los mismos fueron agrupados por año de graduación y se incluye el nombre, estado civil, profesión organización a la cual representa y la página del anuario donde se obtuvieron los datos.

En el apartado seis estaremos hablando sobre las mujeres dominicanas profesionales en Puerto Rico. A pesar de que su entrada a Puerto Rico fue por diversas razones, la participación de estas mujeres evidencia su protagonismo. En la búsqueda de superación en sus prácticas sociales se dieron a conocer en diferentes facetas, tanto en lo político como en lo social. En el aspecto cultural salieron a relucir sus poemas, obras teatrales, aparte de destacarse en programas radiales y otros medios. Sin embargo, en el aspecto educativo nos dimos a la tarea de plasmar la educación de la mujer dominicana y su preparación académica durante los años de 1961 a 1975.

Retrato de Eugenio María de Hostos
Por Francisco Oller

HOSTOS Y LA EDUCACIÓN DE
LA MUJER DOMINICANA

El aspecto de mayor importancia que estaremos analizando en este capítulo es la educación de la mujer dominicana. Debemos ver que la gente, cuando estudia se supera y progresa juntamente con su pueblo. Este es un tema que envuelve a los investigadores que buscan los datos relacionados con la educación de un pueblo y su relación con el progreso. El propósito de este capítulo es dar a conocer la educación de la mujer en la historia dominicana, y su lucha por superarse en el país receptor. Sin embargo, no debemos iniciar esta investigación, sin antes expresar la contribución del pionero en la educación dominicana, Eugenio María de Hostos.[19]

A continuación, se presenta una información amplia sobre la contribución a Santo Domingo, República Dominicana, del puertorriqueño Eugenio María de Hostos. Como indicamos anteriormente, Este se conoció como pionero en el estudio de la educación de la mujer dominicana desde el punto de vista histórico. En el desarrollo del contenido de este capítulo, se plasmarán los detalles desde la óptica de las fuentes consultadas. En la conclusión se expresarán los puntos de vista desde la crítica a los autores presentados.

Mayagüez, ¿ambiente dominicano?

Los incesantes infortunios de la parte española de la isla de Santo Domingo, en los comienzos del siglo XIX dieron lugar al éxodo de la flor y nata de las familias dominicanas hacia distintos pueblos de Cuba, Venezuela y Puerto Rico, en este último, específicamente a Mayagüez, donde residían varios

---

[19] "Eugenio María de Hostos, pionero de la educación en la República Dominicana, escritor, jurista y político puertorriqueño", en:
www.hostos.carryedu//library.pagebiografia/bio.(1839-1903), accedido el 2 julio 2010.

próceres de la reconquista y guerra dominico-francesa de 1808. Eugenio María de Hostos contaba cerca de diez años cuando Mayagüez, su tierra nativa, fue asilo del proscrito José María Serra, uno de los primeros patriotas fundadores de la República Dominicana. Allí Serra estableció una escuela. Hostos era discípulo de Serra, un líder propagandista dominicano en contra de la dominación haitiana.[20]

Obras de Eugenio María de Hostos

La peregrinación de Bayoán, fue una de sus obras más conocidas, la cual fue publicada en Madrid en 1863. Esta novela personifica a las Antillas desventuradas y representa la unión, por él anhelada, desde entonces, de Cuba, Santo Domingo y Puerto Rico. Con esta obra albergaba grandes ilusiones sobre su éxito literario y hasta económico. Se empeñó en no darle publicidad para que la obra se abriera paso por sus propios méritos. La jugada no le salió en ningún sentido. Los españoles lo juzgaron como una ofensa a su dignidad nacional. Por toda esta obra, el nombre de Santo Domingo siempre está pronunciado como acongojado acento, como si la luz de un presentimiento se extendiese en la vida de su autor, tan hondamente encadenada a la tierra que solo miraba a la vista anhelante del deseo. Emilio Rodríguez Demorizi comenta[21]:

> He querido visitar la Vega Real de El Cibao, cuántos lugares vieron a Colón, cuántos recintos conservan de los sencillos habitantes, y no he podido hacerlo. Estoy mirando cómo se

---

[20] José M. Serra fue un educador, patricio de la gesta dominicana. Véase a Frank Moya Pons, *Manual de historia dominicana*, 13a ed., Caribbean Published, Santo Domingo, 2002, pp. 258-259.

[21] Emilio Rodríguez Demorizi, abogado, historiador dominicano, nació en la provincia Sánchez Ramírez, en República Dominicana el 14 de abril de 1904. Fue director del archivo general de la nación (1954), fue rector de la Universidad de Santo Domingo (1958), Secretario de Estado (1957), desde 1955 fue secretario de la Academia de la Historia, Academia de la lengua (1944), fundador de la Sociedad Dominicana de la Geografía.

desvanece en la distancia la capital de La Española, parece que corren un telón delante de ella: va poco a poco ocultándose y ahora donde hace poco la veía, ahora veo la mar.22

Hostos comenzaba a conocer de cerca la sociedad dominicana, hasta entonces dividida en dos partidos, rojo y azul. Ya en 1870, Hostos escribe sus primeros artículos dedicados a la República Dominicana, lamentablemente perdidos. ¡Cómo elogiaba Hostos a la calumniada República y cómo la defendía desde entonces! Su pluma estaba al servicio del país, de la mujer y de la educación. Otras de sus obras recogen diversas materias como política, pedagogía, sociología, moral, derecho, crítica, biografía, lógica, psicología, ética y literatura. Su obra completa ocupa veinte volúmenes. De esta manera, merece destacarse: *La peregrinación de Bayoán* (1863), *Hamlet, ensayo crítico* (1874), *Lecciones de derecho constitucional* (1887), *Moral social (1888) y Meditando y tratado de sociología* (1883).

Don Eugenio María de Hostos, uno de los más destacados intelectuales puertorriqueños, nació en Mayagüez el 11 de enero de 1839 y falleció en Santo Domingo, el 11 de agosto de 1903. Estudió la escuela primaria en el liceo de don Gerónimo Gómez en San Juan y la secundaria en el Instituto de Segunda Enseñanza, en Bilbao, España. Cursó la carrera de leyes en la Universidad Central de Madrid, durante sus estudios colaboró con artículos de prensa y entabló amistad con Segundo Ruiz Belvis, José Vizcarrondo y Ramón Emeterio Betances, abolicionistas que apoyaban la causa de la independencia en Puerto Rico.

Eugenio María de Hostos regresó a Venezuela y conoció a la que sería su esposa, Belinda Ayala, en 1879. Se trasladó a Santo Domingo, donde establecieron su residencia. Escribió allí, influenciado por su amor paterno, *Cuentos a mi hijo*. Desarrolló

---

22 Emilio Rodríguez Demorizi, *Hostos en Santo Domingo*, Vol. 2, Fuente dominicana Pro-Centenario de Hostos, Santo Domingo, 1942, p. 122.

una extensa labor pedagógica durante su estadía de nueve años en este país. Fundó la primera Escuela Normal, donde dictó cátedra de derecho, economía, política y moral. El propósito de esta escuela es anunciado por Hostos como *"Denme la verdad, y os doy el mundo"*.[23]

Publicó, entonces, en 1897 una carta acerca de Cuba en solidaridad con la Revolución Cubana, filosófica y biográfica, que aparece recogida en sus obras completas.

Otras de las grandes obras de Hostos fue *Moral social*. Para muchos, el libro que mejor lo representa. La misma fue un pedido de sus discípulos alarmados porque los enemigos de la República Dominicana pregonaban que las enseñanzas hacia la patria eran doctrinas inmorales.[24]

El Apóstol se dirigió a sus discípulos, pero cede, al fin, al insistente ruego del país para que fueran publicadas. También realizó un llamado para que se educase al pueblo, pero en especial a las niñas y a las mujeres. Otras de sus famosas obras: *El derecho constitucional obra fundamental*, nació de las lecciones orales que él dictaba en el instituto profesional. Este fue el primer libro de carácter científico que llevó por toda América y hasta Europa.

Hostos dictó cátedra y programas del curso de Derecho Institucional, cuando inauguró la Escuela Normal el 20 de julio de 1881.[25] El 17 de abril de 1887 se efectuó la primera investidura de maestras normales del que sería el Instituto de Señoritas Salomé Ureña de Henríquez.[26] A Ana Josefa Puello le fue encomendada la exposición de la tesis de orden: *La educación de la mujer*. Cristalizaba un viejo anhelo de Hostos que, desde

---

[23] Awilda Aponte Roque, *Conmemoración del sesquicentenario de Eugenio María de Hostos*, Departamento de Instrucción Pública, 1987, Hato Rey, p. 13.

[24] Eugenio María de Hostos, *La moral social*, Editorial Santo Domingo, Santo Domingo, 1888, p. 86.

[25] *Gaceta oficial de la República Dominicana*, núm. 371, 29 de julio de 1881.

[26] Salomé Ureña de Henríquez fue una poetisa, educadora y patriota dominicana, una de las figuras centrales de la poesía lírica latinoamericana del siglo XIX.

1881, se empeñaba en que la mujer dominicana también participase de su reforma educativa, y en tarea para orgullo del maestro, la llevaba a cabo nada menos que las más grandes representantes de la mujer dominicana de todos los tiempos.[27]

La educación científica de la mujer

Es importante señalar que Hostos, centraba su pensamiento filosófico en el positivismo. De manera que muchas de las ideas que promulga Hostos sobre la educación científica de la mujer surgen de este pensamiento filosófico. Hostos se enfoca en mejorar la situación social de la mujer como ciudadana, como participante activa de la vida política. El pensamiento latinoamericano en el siglo XIX se enriquece con las ideas filosóficas y educativas de Hostos. Este compartía algunos puntos de vista con el krausismo y con el positivismo, pero no seguía los pensamientos filosóficos de forma unilateral, más bien aprovechó los elementos de valor de cada corriente intelectual. Hostos dejó una profunda huella en su obra filosófica, sociológica y pedagógica, en varios países latinoamericanos comparando con otros pensadores de la región y de su misma época. Las repercusiones de su obra en el ambiente educativo y cultural latinoamericano datan hasta nuestros tiempos.

Como indicamos, el positivismo fue asumido y cultivado en Latinoamérica como una filosofía optimista llena de confianza en el hombre, en la capacidad creativa de su pensamiento, en la cultura, la educación, la ciencia, en el progreso y el desarrollo industrial. Esta se unía al liberalismo y a la defensa de la democracia lo cual resultaba en ideas muy avanzadas para los países latinoamericanos, por su estatus después de haberse liberado en su mayoría del colonialismo español y entrando

---

[27] Eugenio María de Hostos, *La moral...*, p. 86

entonces en grandes luchas políticas. En este pensamiento positivista Hostos reconoce la función y capacidad de la mujer con el fin de adquirir la verdad.

En su discurso, Hostos pensaba que la primera base de los fines contenidos era la educación científica de la mujer. Consideraba que educando a la mujer se lograba adquirir la verdad. La función de una mujer educada es difundir los principios eternos de la ciencia contenidos en la verdad. Su principio establece que al llevar a las generaciones hacia la búsqueda de la verdad, nos asegura una generación que se motivará a realizar el bien, con madres que pudieran enseñar científicamente a sus hijos. A su vez se puede lograr una patria que obedezca la razón, que realice la libertad, basando la civilización en la ciencia, en la moral y en el trabajo. Evitando así la fuerza corruptora, la moral indiferente y el predominio exclusivo de bienestar individual.

Según José Luis Gómez Martínez, la mujer como el hombre, es obrera de la vida, pero desempeña ese justo ministerio; ella como él, está dotada de las facultades creadoras que completan la formación física del hombre-bestia para la formación moral del hombre–Dios. Para este autor, el ser humano viola esa ley, cuando, reduciendo el ministerio de la mujer, le arrebata el derecho de cooperar, lo cual elimina la igualdad moral de los géneros.[28]

Eugenio María de Hostos nos da varios ejemplos de cómo educar. Hay que enseñarle que los intereses sociales no están circunscritos a los intereses que primero represente; que el dinero no nos produce más beneficio individual y doméstico que la independencia personal, la cual es puramente relativa; enfatiza que el dinero necesario es el que nos emancipa de la obligación feliz de trabajar. El deber de los padres no es dejar dinero a sus hijos, sino educación; no temor, sino virtudes; no superioridades momentáneas, sino iniciativas y costumbres para

---

[28] José Luis Gómez Martínez. http://www.ensayistas.org/antologia/

conquistar, con méritos propios, la superioridad que ningún trance de fortuna o de opinión pueda alterar.[29] Hay que enseñarle a la mujer antillana que la patria no es cosa indiferente, que la libertad no es cosa insignificante, que la libertad no es cosa inaccesible al esfuerzo de todos los individuos, familiares, localidades, regiones y nación, y que ella tiene el derecho de naturaleza y pueda completar con esfuerzo y de buena educación que trascienda a la patria, a la libertad y a la civilización, tomando concienzudamente la iniciativa que la naturaleza le ha concedido.[30]

Historia de la familia Hostos.

El hidalgo español Eugenio María de Ostos y del Valle se remonta a la Edad Media cuyo ilustre linaje abandona su patria a principios del siglo XVIII y fue a establecerse en la isla de Cuba, en Camagüey, entonces Santa María de Puerto Príncipe. Allí contrajo matrimonio, en 1735, con María Josefa del Castillo y Aranda, fruto de ese amor fue Juan José de Hostos y del Castillo, nacido en 1750, quien posteriormente, fijó su residencia en la ciudad de Santo Domingo.

Las vicisitudes y los horrores de las invasiones haitianas, de principios de siglo XIX, llevaron a las más nobles y ricas familias de la época a buscar tierra de paz. Juan José de Hostos, ya agregada la H inicial a su apellido, se fue a Puerto Rico, luego a la floreciente villa de Mayagüez. Numerosas familias de Santo Domingo se radicaron en Mayagüez, entre ellos estaba la que sería su esposa, María Altagracia Rodríguez, nacida en 1785. Contrajeron nupcias en 1806 y de esa unión nació el 15 de septiembre del siguiente año, Eugenio de Hostos y Rodríguez. Este se casó con la puertorriqueña Hilaria de Bonilla y Cintrón, el 4 de mayo de 1831. El sexto y antepenúltimo vástago de este

---

[29] Eugenio María de Hostos, *La educación científica de la mujer*. Río Piedras, Editorial de la Universidad de Puerto Rico., 1993, pp. 42-45.
[30] Ibíd.

matrimonio fue Eugenio María de Hostos y Bonilla, nacido el 11 de enero de 1839.

Ciudadano de América

El libro *Las Antillas para los antillanos* del abolicionista Ramón Emeterio Betances, contiene *Carta a Hostos 1870-1898*. Sus páginas muestran las opiniones que le merecían a ambos ilustres puertorriqueños, Hostos y Betances, los asuntos de interés que comparten acerca de: Haití, Cuba y República Dominicana, que ven y sienten como propios. También presenta el valor que Betances asigna al periplo sudamericano de Hostos, cuando le escribe a Perú y luego a Chile.[31] Betances en su carta a Hostos es profético cuando le anuncia que su obra magisterial será visible en la próxima generación dominicana y sostiene que el esfuerzo de ambos, como de otros patriotas será la semilla que fructificará en el futuro puertorriqueño.[32] En estas observaciones los contemporáneos antillanos unieron ambos nombres (Betances y Hostos) sin vacilar.

Asimismo, el propio Federico Henríquez y Carvajal en "Hostos y Betances" un artículo publicado en la revista *Clio* (Santo Domingo, año IV, núm. 7, septiembre-octubre de 1935) y en todos y cada uno de los artículos y cartas hace mencionar la unión de los *Tres Antillanos* y cita:

> ...mi propio deseo es terminar el largo proceso de mi vida, tranquila la conciencia, con amor para todos mis semejantes. Mirando a todas las Américas libres de dominación extraña, disfrutando cada pueblo de absoluta soberanía e independencia sin tiranías ni de la anarquía.[33]

---

[31] Ramón Emeterio Betances, *Las Antillas para los antillanos*, Instituto de Cultura Puertorriqueña, San Juan, 2001, pp. 22-25.

[32] Ibíd., pp. 280-282.

[33] Federico Henríquez y Carvajal, "Hostos y Betances", *Clio*, año IV, núm. 7, septiembre-octubre 1935.

Vale destacar a otro líder antillano llamado Máximo Gómez, dominicano de nacimiento y cubano de gloria que, como Eugenio María de Hostos, luchó por la independencia de Cuba. Esta generación de líderes luchadores incansables dejó huella en la historiografía antillana.[34]

Eugenio María Hostos murió en República Dominicana a la edad de 64 años. Su cuerpo está enterrado en el Panteón de los Héroes Nacionales en Santo Domingo. La octava Conferencia Internacional Americana (1938) le otorga, de forma póstuma, el título de *Ciudadano de América* por sus avanzadas ideas pedagógicas, su gran obra en beneficio de los más grandes valores del ser humano y por su noble lucha a favor de la independencia de los pueblos de América.[35] Dicho apelativo ya había sido dado por la biografía de Antonio S. Pedreira, Hostos (1934). En el 1970, la Universidad de la ciudad de Nueva York inauguró el *Hostos Community College*, localizado en la parte sur del Bronx. La escuela sirve como un punto de partida para muchos estudiantes que desean seguir una carrera en campos como la Higiene Dental y la Administración Pública.

La educación de la mujer

En este capítulo queremos resaltar la educación de la mujer en la República Dominicana y su relación con el pensamiento de Eugenio María de Hostos. Es tiempo de que sepamos cómo aplicamos el progreso intelectual de la educación de la mujer y cómo vamos a formar las nuevas generaciones femeninas, con el propósito de que aquellos padres que confiaban en la educación de sus hijos tengan la certeza de que la Escuela Normal daría fruto en la República Dominicana.

---

[34] Loida Figueroa, *Hostos: ensayos inéditos*, Editorial Edil Inc., Río Piedras, 1987, pp. 78-79.

[35] Awilda Aponte Roque, *Conmemoración...*, pp. 13-21.

El verdadero hombre tiene que mirar con alternativas de indignación y de desdén a la mayor parte de los hombres que componen nuestra especie, la indignación estúpida con que en casi todas las sociedades humanas han mirado hasta hoy la educación de la mujer.[36]

El régimen feudal de la Edad Media, era altamente mundano, claustral y libertino, inclusive en la Edad Moderna hasta este siglo, el modelo a seguir de lo que es la mujer europea no es lo que ha producido a Juana de Arco, conocida como la doncella de Nueva Orleans, heroína militar y santa francesa que celebra su muerte el 30 de mayo, y Santa Teresa de Jesús, española mística que escribía poesías y rimas pastoriles de gran calibre, siendo su poema "La eficacia de la paciencia" uno de los más conocidos.[37] Todas ellas figuras como animadoras que se salen del cuadro y muy diferentes a las mujeres latinoamericanas, quienes apenas han podido salir y han tenido que superarse a la fuerza.

Este grupo de mujeres lo componen, entre otras: Sor Juana Inés de la Cruz[38], humanista y cuyos estudios historiográficos revelan un notable movimiento cultural que tiene lugar en los conventos en México; Lola Rodríguez de Tío[39], mujer destacada en la cultura en el último tercio del siglo XIX en el romanticismo literario en Puerto Rico que escribió la letra patriótica del himno *La Borinqueña*; Gertrudis Gómez de Avellaneda, escritora de obras de teatro y poesía con su famosa obra *La mujer*, publicación que le recordaba el amor desdichado y pesimista del cual escribió un libro de poemas en el 1841[40];

---

[36] Eugenio María de Hostos, *La educación...*, p. 86.

[37] Santa Teresa de Jesús (1515-1582) religiosa española que junto a San Juan de la Cruz son consideradas cumbres de la mística espiritual cristiana.

[38] Sor Juana Inés de la Cruz (1651-1695) religiosa y escritora novohispana.

[39] Lola Rodríguez de Tió (1843-1924) escritora y revolucionaria puertorriqueña.

[40] Gertrudis Gómez de Avellaneda (1814-1873) escritora y poetiza del romanticismo cubano.

Salomé Ureña, en República Dominicana (ya mencionada en la nota al calce #26); Lucrecia Undurraga, escritora chilena que luchó a favor de los derechos de la mujer[41] y Juana Manso en la República de Argentina, considerada una de las novelistas más importantes de Hispanoamérica.[42] A fuerza de personalidad espontánea estas mujeres han logrado sobreponerse al círculo social.[43]

Como decía Juan Bosch: "El círculo de hierro, ignorancia en general, los oprimían, yo soy el idealista que él formó, pero sé que si él viviera los dos estaríamos en la misma fila, naturalmente él como jefe y yo como soldado".[44] El autor del libro *Hostos, el sembrador* narra de una manera especial, después de 35 años de haber muerto:

> El centenario del nacimiento de este gigante que siendo como era, puertorriqueño, figura por derecho propio entre los cinco forjadores de la patria dominicana como hostosiano legítimo; en su centenario me tocó en el programa de la Comisión Pro-Centenario, había un premio sobre la mejor biografía del maestro. Mi biografía no estaba escrita para este certamen ni podía hacerlo.

Bosch también expuso lo siguiente:

> Eugenio María de Hostos, y tenía que hacer con otros jóvenes lo que ellos habían hecho en mi vida. Después de 38 años, he vuelto a leer a Eugenio María de Hostos *"El Sembrador"* y puedo testificar que, si di a conocer la

---

[41] Lucrecia Undurraga es conocida por la obra: *La mujer*, escrita entre 1875-1876.

[42] Juana Manso fue una escritora que luchó por la educación del feminismo en Argentina.

[43] Juan Bosch, *Hostos, El sembrador, centenario de su nacimiento*, Editorial Santo Domingo, Río Piedras, 1976, pp. 28-29. Juan Bosch fue un escritor, socialista con tendencia marxista, se consideraba un bostoniano legítimo.

[44] Ibíd., p. 31.

superficie del agua, la parte en lo que se hallaban los sentimientos y las ideas que hicieron de él lo que fue, no lo que él hizo, ya escrito en Cuba, he autorizado esta edición puertorriqueña".[45]

La admiración hacia Hostos no fue solamente del profesor Bosch, sino también de otros autores como Francisco Scarano, quien plantea cómo la prensa fue un vehículo importante de difusión de las nuevas ideas en la historiografía moderna respecto a la mujer.

En 1894 se inició el primer periódico hecho por mujeres sobre temas femeninos titulado *La Mujer*[46] y fue parte de la oleada de prensa crítica-obrera, que mayormente arropó a Puerto Rico en los últimos lustros de la época española, con gran defensa en la educación de la mujer hasta nuestros tiempos.[47]

Hostos y el pensamiento social iberoamericano

A pesar de las décadas transcurridas desde su muerte, las ideas hostosianas conservan su frescura y su vigencia. Hostos es el más grande pensador puertorriqueño de todos los tiempos y uno de los mejores, sino el primer pensador hispanoamericano.[48] Podemos inferir que a pesar de la influencia de estas ideas hostosianas, la educación dominicana estaba en ese momento en pañales puesto que la enseñanza católica limitaba seriamente el desarrollo de una elite intelectual.

¿Quiénes lo igualaban en presente y pasado? Simón Bolívar libertador de Venezuela, militar político, fue alumno del ilustre Andrés Bello. El profesor Andrés Bello fue filósofo, poeta

---

[45] Ibíd., pp. 7-9.
[46] Edna Acosta Belén, *La mujer en la sociedad puertorriqueña*, Ediciones Huracán Inc., Río Piedras, 1980, pp. 47-48.
[47] Francisco Scarano, *Una historia contemporánea*, 2a ed., Editorial McGraw-Hill, Bogotá, 2007, p. 328.
[48] Juan Bosch, *Hostos...*, p. 84.

y educador político, venezolano que aportó a la letra hispanoamericana y respetable autor de la gramática castellana, decía que la letra había que mantenerla en buen castellano sin mezcla de palabras extranjeras. Domingo Faustino Sarmiento nació en febrero 15 de 1811 en Argentina y murió en septiembre 11 del 1888 a la edad de 77 años en Paraguay, era de tendencia de política liberal, su famosa obra literaria *Facundo* fue una crítica a la administración de Juan Manuel de Rosa, también estableció durante su exilio en Chile el periódico *El Progreso*. José H. Rodó, uruguayo de la generación de 1900, fue cofundador de la revista nacional de literatura y ciencias sociales, crítico literario flexible y tolerante nació en el 1871 y murió en el 1917. José Vasconcelos, abogado, político, escritor y educador mejicano, funcionario público, fundador del ministerio de su país (México) que recibió el título de maestro de la juventud de América, su gran obra fue *La Raza Cósmica* (1925). Pedro Henríquez Ureña, intelectual, crítico y escritor dominicano, hijo de la gran poetiza Salomé Ureña de Henrique, una de las figuras más sólidas y estimadas de la República Dominicana, entre otros.

Vemos que todo esfuerzo que se haga para mantener vivo el ejemplo de Hostos entre las sucesivas generaciones, tiene una plena justificación histórica y constituye un acto de justicia y es importante que las instituciones que están en capacidad de hacerlo se empeñen en mantener vivos a aquellos que no andan entre nosotros.[49] Eugenio María de Hostos, el sociólogo, el moralista, el pedagogo hizo sus propias reflexiones durante sus nueve años en Quisqueya que concluyó con el gobierno de Ulises Heureaux (1883 al 1888).[50]

---

[49] Manuel Maldonado Denis, *Eugenio María de Hostos y el Pensamiento Social Iberoamericano*, Fondo de Cultura Económica, S.A., México, 1992, pp. 120-121.
[50] Antonio Caso, *La filosofía social de Don Eugenio María de Hostos*, Conferencia del Ateneo de la Juventud, Universidad Nacional Autónoma de México, 1962, p. 40.

Hostos impartió en su cátedra de la Escuela Normal de Santo Domingo una serie de lecciones en el campo de sociología. Fruto de ese fecundo período de su vida lo es también otra gran obra de profundas tangencias sociológicas titulada *Moral Social* (1888).[51]

La consagración de Hostos a la educación dominicana muy pronto le granaría el título de maestro. Regresa a Santo Domingo el 22 de mayo de 1879, acogido con los brazos abiertos y allí realizaría una de las más fecundas labores educativas que registra la historia de América Latina y el Caribe. Merece destacarse en la fundación de la Escuela Normal en Santo Domingo, en 1880, combatiendo los moldes pedagógicos del escolasticismo, pone en práctica las más modernas técnicas de la pedagogía de su época, se opone a los prejuicios patriarcales de la época y se interesa en educar íntegramente a la mujer.[52] Su estadía en Santo Domingo fue muy pobre al asumir el poder el dictador Ulises Heureaux (Lilís) en 1887. Hostos consideraba que la llegada al poder de Heureaux era una aberración como atraso económico y social y el fruto amargo del colonialismo.[53]

La escuela se inauguró en Santo Domingo el 18 de febrero de 1880. Como defensor de la mujer consigue que Salomé Ureña de Henríquez funde junto a su esposo Francisco Henrique y Carvajal una escuela normal para señoritas. Hubo oposición a su nuevo método de parte de los defensores de los viejos sistemas de enseñanza, pero no se amilanó y sus ideas prevalecieron. Al mismo tiempo ofrece clases de derecho constitucional en la universidad. Los ataques hacia su persona de parte de Ulises Heureaux (Lilís) llevan a que Hostos parta para Chile en 1888. Allí intenta fundar, a pesar del régimen, el liceo Miguel Luis Amunategui, y, a la vez, enseña derecho constitucional en la

[51] Manuel Maldonado Denis, *Eugenio María de Hostos...*, p. 123.
[52] Ibíd., pp. 121-125.
[53] Ibíd.

Universidad Santiago de Chile dando cátedra de sociología. Posteriormente regresa a Cuba bajo el liderato de José Martí, pero en 1897 recibe la noticia de la muerte de Salomé Ureña y poco después la de su padre.[54] Lo reclaman en la República Dominicana tras la muerte del presidente Ulises Heureaux. Sus hijos dominicanos lo empujan a irse a República Dominicana. A pesar de todo este problema, siente en carne propia la desesperación por la anexión de Estados Unidos y Puerto Rico. En ese entonces en Santo Domingo gobierna Horacio Vázquez y le escribe: *La patria se me escapa de las manos, mi país está blindado con los norteamericanos.*[55] Llega a Santo Domingo en 1901 y se reabre la Escuela Normal y desde allí se desentiende de la barbarie que pasa en Puerto Rico. Le pide a los puertorriqueños unión y los motiva a pedir con energía lo que es suyo.[56]

Grandes figuras con ideales patrióticos en Latinoamérica

Esta batalla por la libertad de los hombres que crece en Latinoamérica y el Caribe es fruto de la tormenta de abolicionistas y anti abolicionistas. Por otra parte, Puerto Rico crecía en una forma peculiar buscando la abolición esclavista a cargo del máximo líder Ramón Emeterio Betances, pero no solo él merece el relieve como abolicionista.

Ciertamente pecaríamos de ingratos si no le diéramos el reconocimiento que merecen Segundo Ruiz Belvis, José Julián Acosta, Román Baldorioty de Castro, Eugenio María de Hostos y otros que constituyen una generación que honra por su pensamiento, su dedicación tenaz, su espíritu de justicia y pasión de libertad, no solamente a Puerto Rico, sino a todas las Américas. Estos hombres de carne y hueso con diversas ideologías se fueron por diferentes rutas geográficas e históricas, con extensa

---

[54] Véase información en "El ave y el nido", *Revista del Instituto de Cultura Puertorriqueña*, año 4, núm. 7, 2003, p. 73.

[55] Ibíd.

[56] Loida Figueroa, *Hostos...*, pp. 16-19.

energía vital, con las ideas de su tiempo, cada uno en su papel estelar protagonizando en la educación promovida por Eugenio María de Hostos y con el ejemplo abolicionista de Ramón Emeterio Betances.[57] Estos grandes personajes dieron lugar a otra luminaria en la República Dominicana, quien se conoce como Salomé Ureña y Díaz de León.

Salomé Ureña

Salomé Ureña y Díaz de León, educadora y poetisa, nació en la ciudad de Santo Domingo, capital de la República Dominicana, el 21 de octubre de 1850, en el barrio de Santa Bárbara, antiguo solar de buenas familias, en la casa de su abuela materna, hoy calle Isabel la Católica, número 84, junto a la casa de Juan Pablo Duarte. El Dr. Pedro Delgado y Ana Díaz de León, "la segunda madre en el hogar", fueron sus padrinos. Su única hermana, Ramona, nació el 26 de octubre de 1843 y murió en Santiago de Cuba en 1936.

Fue hija del también escritor y preceptor Nicolás Ureña de Mendoza. Sus primeras lecciones las aprendió de su madre Gregoria Díaz. Más tarde, su padre la llevó de la mano en la lectura de los clásicos, tanto españoles como franceses. Debido a ello, la joven Salomé alcanzó una educación y formación intelectual y literaria que la ayudaría a codearse con el mundo literario de su país. El nacimiento de Salomé Ureña ocurrió poco después de la fundación de la República, durante el primer gobierno de Báez; creció en un ambiente de discordias, entre mil luchas clandestinas. Por vivir en una época de tanta agitación, de tan incesantes perturbaciones en el pueblo dominicano, su alma se agrandó con el dolor y se hizo cada día más fuerte. Salomé tuvo una niñez muy precoz. Su madre le enseñó a leer y a los cuatro años leía de corrido. Su infancia discurrió

---

[57] *Tras las huellas del hombre y la mujer negros en la historia de Puerto Rico*, Editorial Universidad de Puerto Rico, San Juan, 2005, pp. 518-519.

en las aulas de dos pequeñas escuelas de primeras letras, únicas permitidas entonces a las mujeres.

Salomé Ureña. Retrato de autor desconocido, anterior a 1885.

A los quince años se casó con el escritor, médico y abogado Francisco Henríquez y Carvajal, de cuya unión nacieron cuatro hijos: Francisco, Pedro, Max y Camila Henríquez Ureña. Su tercer hijo, Max, llegaría a ser una de las lumbreras humanísticas más destacadas de América hispana en el siglo XX. Junto a su esposo Francisco Henríquez y Carvajal, fundó el instituto que luego llevó su nombre (1881). Encabezó un movimiento a favor de la emancipación intelectual de la mujer dominicana. Después de 12 años de docencia y trabajo literario enfermó de tuberculosis y cerró el centro en 1893. Al año siguiente, escribió el poema *Mi Pedro*, y otros. Restablecida en 1897, intentó reanudar sus labores, pero enfermó nuevamente y murió en marzo de ese año.

Su primera obra fue *El ave y el nido*, en 1867. Las poesías de Salomé Ureña se publicaban, generalmente, en periódicos de Santo Domingo y en algunas ocasiones aparecían en periódicos extranjeros. Desde muy niña, Salomé alojó en su corazón la vehemente aspiración de Patria: había heredado de su abuelo y de su padre el sentimiento fiel de patriotismo. Sus primeros años discurrieron en una época alternada de paz y de guerra. Su infantil espíritu tropieza con la terrible anexión a la antigua metrópoli. El espectáculo de la guerra nacionalista contra España y, luego, las guerras civiles, acrecientan su amor a la Patria y hacen de Salomé la poetisa patriota.

Soñó con el bien de su patria y dedicó sus versos a inclinarla hacia la paz y el progreso. Esta preocupación patriótica llegó a sobreponerse a toda otra idea; solo le animaba el deseo de hacer llegar su prédica a todos sus compatriotas. Por medio de su patriotismo ardoroso logra hacernos comprender mejor lo que es patria. En una de sus primeras composiciones al hablar de la patria dice: *"Oh! Patria, voz divina, sublime y dulce nombre a cuyo acento el alma palpita de emoción..."*.[58]

Ya en esa época sus composiciones patrióticas llaman la atención en Santo Domingo y en otros países de la América. La nota del progreso y del amor a la Patria es el tema de todas sus poesías desde 1873 hasta 1880. Las poesías de Salomé Ureña están impregnadas de honda melancolía. Toda su tristeza proviene no solo de su temperamento, sino principalmente del caos en que vivió su patria. Siempre torturada por el triste pasado de la República, clama en su poesía: *A la Patria desenterrada y sufrida.*

En 1881, comienza a sufrir nuevamente por las desgracias de su patria. Recientes perturbaciones políticas hacen que sus esperanzas patrióticas tengan grandes decepciones. El fracaso moral del gobierno de Merino le ocasionó profundo desconsuelo. Sus cantos patrióticos sufren una crisis. La poetisa escribe *Sombras* y, desde entonces, en muy raras ocasiones, escribe versos. Pero *Sombras* no es un vano alarde poético, sino un adolorido grito de patriótica angustia. La decepción política es estímulo para la

---

[58] www.mariano.com/mi país/patria desenfrenada/cultura/poesiasalome.html. Accedido el 16 de mayo de 2011.

creación de un plantel educativo que contribuya a cambiar la sombría faz del País: el Instituto de Señoritas Salomé Ureña.

Salomé fue muy emotiva desde la infancia. Sufría por todo y se le veía llorar sin motivo aparente. Esta disposición del ánimo perduró en ella toda la vida. Era noble de sentimiento y su modestia fue tan grande como su mérito. Fue mujer de su casa, pocas veces traspasaba los linderos de su hogar. No salió nunca del país.

Salomé Ureña se dedicó a ampliar su cultura científica y literaria durante los años de 1878 y 1879. Francisco Henríquez y Carvajal, admirador del talento de la poetisa, cuyo nombre volaba ya en alas de la fama, la ayudó a completar su educación y contrajo matrimonio con ella en febrero de 1880, como se ha dicho antes. Eugenio María de Hostos había llegado a la República en 1879 y se le encomendó la organización de la Escuela Normal de Santo Domingo en 1880, con Francisco Henríquez y Carvajal como activo colaborador. Salomé, animada en su ideal por el compañero de su vida, fundó, el 3 de noviembre de 1881, el Instituto de Señoritas, primer plantel femenino de enseñanza superior en la República Dominicana, sin duda, la escuela de mujeres más importante que existió en el País. Fue inaugurado con solo 14 alumnas. Su consagración al magisterio fue tan radical que prefirió las duras glorias de este, antes que los laureles de la poesía. Ya lo dijo Hostos; "La mujer quisqueyana no ha tenido reformación más concienzuda que la educación de la mujer".[59]

El Instituto de Señoritas ofreció un rápido triunfo espiritual y, en abril de 1887, se celebró la investidura de las seis primeras maestras: Leonor M. Feliz, Mercedes Laura Aguiar, Luisa Ozema Pellerano, Ana Josefa Puello, Altagracia Henríquez Perdomo y Catalina Pou. En aquella ocasión en que Hostos pronunció uno de sus más bellos discursos, Salomé Ureña rompe su silencio y

---

[59] Gabriela Mora, *Eugenio María de Hostos*, Editorial de la Universidad de Puerto Rico, San Juan, 1993, pp. 14-15.

escribe la historia de sus aspiraciones y de sus esfuerzos en *Mi ofrenda a la Patria*: "Como a la noche sigue el día, esta poesía es, en su alma de patriota, como la esplendente continuación de Sombras".[60]

Se invistieron dos grupos de maestras examinadas ante la Escuela Normal, siempre dirigida por Hostos. Cuando el Dr. Henríquez regresó de Europa, el 6 de julio de 1891, encontró tan desmejorada la salud de su esposa y tan agotadas sus fuerzas que, poco tiempo después, la convenció de que necesitaba descansar. El memorable Instituto de Señoritas fue clausurado en diciembre de 1893. El Instituto permaneció cerrado hasta enero de 1896, cuando fue nuevamente abierto. La reapertura se debió a las hermanas Luisa Ozema y Eva Pellerano Castro. El 6 de enero de 1897, la institución fue nombrada Instituto Salomé Ureña. Dos meses después (6 de marzo) Salomé Ureña muere. Para Hostos, la muerte de Salome, fue muy amarga y no se cansó de lamentar su ausencia.

Historiografía sobre Hostos

En nuestra investigación estudiamos una serie de autores que aportaron con trabajos historiográficos sobre aspectos relevantes de las ideas de Hostos. Entre ellos podemos mencionar a Emilio Rodríguez Demorizi en su versión *Hostos en Santo Domingo*, en la cual nos enfatiza que Hostos conocía de cerca la sociedad dominicana y que su pluma estaba al servicio del país en la Educación de la mujer. También nos narra el amor de Hostos por la tierra dominicana pronunciado con acongojado acento como si la luz de un presentimiento se encendiese en la vida de su autor. Decía de Hostos que estaba tan hondamente encadenado a la tierra que solo giraba la vista anhelando del deseo de acercarse a la costa dominicana. Sobre las ideas pedagógicas de Hostos indica que fueron influenciadas por Segundo Ruiz

---

[60] José Luis Méndez, *Tratado de sociología*, Editorial de la Universidad de Puerto Rico. San Juan, 1941, vol. 8, tomo 1, pp. 26-28.

Belvis, José Vizcarrondo y Ramón Emeterio Betances, abolicionistas que apoyaban la causa de la independencia en Puerto Rico. Hostos, según Rodríguez Demorizi promovió que centenares de estudiantes se graduaran como maestros normales, acción que fue de mucho beneficio a la nación dominicana.[61] También nos indica que dentro de su filosofía se implantaba la educación científica de la mujer, aspecto que era considerado una empresa ardua, a los ojos de casi todos los hombres, que preferían la tiniebla del error, creyéndose los únicos con cerebros y con derecho a educarse sin entender o razonar que la mujer no es una planta que vegeta, sino que tiene conciencia, que conoce su existencia. Para Hostos, había que dejar que la mujer desarrollase su intelecto, ver cómo dirige su propia vida y cómo coopera en el desarrollo del patrimonio educativo de sus hijos.[62]

Ya que se mencionaron los próceres debemos mencionar especialmente a Ramón Emeterio Betances, quien nació en Cabo Rojo en 1827 y murió en Francia en 1898. Betances es reconocido por ser médico (estudió en París), escritor, abolicionista y partidario de la independencia de su patria (Puerto Rico). En sus epístolas hacia Hostos profetiza: "tu obra magisterial será visible en la próxima generación Dominica".

También podemos mencionar historiadores que escribieron sobre las aportaciones de Hostos al desarrollo de las nuevas generaciones de la mujer dominicana. Entre ellos tenemos a Federico Henríquez Carvajal, quien era antitrujillista de tendencia liberal. Fue un médico y político dominicano que nació en 1859 en Santo Domingo. Desempeñó el cargo de ministro de asuntos exteriores en el 1902 también fue presidente de la república en el 1916, en el momento que mayor tensión existía entre Centroamérica y los Estados Unidos por problemas económicos. Creía en la libertad de prensa. En "Hostos y Betances" un artículo de revista *Clío*, publicada en Santo Domingo, sept.-oct.

---

[61] Emilio Rodríguez Demorizi, *Hostos...*, p. 116.
[62] Ibíd., p. 122.

1935 hace mención de la unión de las tres Antillas. Es parte de una generación de líderes luchadores e incansables que dejó huellas en la historiografía antillana.

Otra historiadora fue Loida Figueroa, quien nació el 6 de octubre de 1917 en Yauco (Puerto Rico); maestra, política e historiadora del Colegio de Mayagüez (Colegio de Agricultura y Artes Mecánicas), con maestría en la Universidad de Columbia, terminando un doctorado en filosofía y letra en Madrid. Fue pionera del quehacer intelectual haciendo grandes contribuciones a la historiografía puertorriqueña. Nos enfatiza en su libro: *La educación de la mujer en la República Dominicana y Eugenio María de Hostos,* que este formó las nuevas generaciones femeninas, dando fruto intelectual a la educación de la mujer dominicana y así acabar con la indignación estúpida de casi todas las sociedades humanas sobre la oportunidad de la mujer en educarse y progresar. En su planteamiento, Figueroa nos explica los escritos de Juan Bosch, ilustre dominicano que en su obra; *Hostos, el sembrador,* se refleja como un verdadero hostosiano y lo cita diciendo: "soy un servidor fiel de las ideas hostosianas". Debemos señalar que Bosch también indicó que: "el impacto de la obra de Eugenio María de Hostos era seguido por grandes hombres a través de la historia".

Podemos mencionar también a Francisco Scarano, posmodernista del siglo XX, quien nos plantea cómo la prensa fue un vehículo importante en la difusión de las nuevas ideas respecto a la mujer. Establece que en 1894 se inició el primer periódico de liberación femenina con el desarrollo de una prensa con mayor sentido crítico hacia la situación obrera que arropó a Puerto Rico en los últimos lustros de la época española y que se manifestó en defensa del desarrollo de la mujer.

Otro posmodernista fue Manuel Maldonado Denis, quien fuera puertorriqueño, socialista, educador y admirador de Eugenio María de Hostos. En su libro; *Pensamiento social Iberoamericano,* expresa que Hostos es el más grande pensador puertorriqueño de todos los tiempos y uno de los mejores pensadores de Hispanoamérica.

En otra de sus obras, *Eugenio María de Hostos y el pensamiento social iberoamericano*, Maldonado Denis nos presenta a Hostos como una de las figuras cimeras del pensamiento iberoamericano y universal, con un legado escrito, que fue recopilado en veinte volúmenes en 1939, año del centenario de su natalicio. Asimismo, Maldonado Denis, uno de sus más acuciosos biógrafos, dijo llamarse discípulo de Hostos. Por eso, Maldonado Denis enfatiza que:

> Eugenio María de Hostos ha sido, para más generaciones de puertorriqueños, un modelo de excelencia intelectual difícilmente emulable. Por mi parte, expresa Maldonado Denis, puedo decir que Hostos ha sido durante más de tres décadas de cátedra universitaria, profundizarse y liberarse en el estudio de su vida y su obra ha sido para mí una gran aventura de inigualable valor espiritual en Iberoamérica y no se le había tratado ni consagrado la atención que, en realidad, él merece. Puedo manifestar lo mismo del profesor Juan Bosch, Juan Mari Bras y Francisco Cabrera, entre otros. Un hecho significativo es que, a Maldonado Denis, de quien no es un secreto que no se identifica con el régimen político imperante en su país, se le haya encomendado presidir el comité oficialmente encargado de organizar los actos del sesquicentenario de Hostos, en 1989.[63]

Maldonado Dennis, reafirma que Hostos fue un modelo de excelencia intelectual difícilmente encontrado para los puertorriqueños. Amó tanto a la República Dominicana que murió en la ciudad de Santo Domingo en el 1903. Todos los dominicanos y los puertorriqueños, animados por un profundo

---

[63] Manuel Maldonado Denis, *Eugenio María de Hostos...*, p. 89.

sentimiento de justicia, de gratitud y patriotismo, recuerdan y admiran al conocido *Ciudadano de América*.[64]

Consciente de la importancia continental y mundial, Maldonado Denis quiso mantener la imagen y la obra de su ilustre compatriota. Por lo que publicó en periódicos y revistas de diversos países sobre Hostos. Como catedrático dio a conocer a Eugenio María de Hostos en la Universidad de Puerto Rico, su universidad, a la que igualmente ha servido por muchos años con devoción y entusiasmo, y hoy se aprecia de tenerlo como uno de sus más brillante y prestigiosos catedráticos.

Reconoció que el amor de Hostos por los pueblos castellanos e iberoamericanos puede extrañarse en su enseñanza y en su afecto por Santo Domingo, país al cual dedicó muchos años fructíferos de su vida. No entendía la indiferencia de los líderes puertorriqueños al ver que su lucha se le escapa de las manos.

Por otra parte, la española Celia Amorós enfatiza que no se trata de crear llamados o institutos superiores o de segunda enseñanza, refiriéndose a Hostos, para que en ellos reciban los adolescentes los conocimientos que ningún establecimiento de su especie pueda aún dar a los varones. Mucho menos se trata de capacidades para estudios universitarios a la mujer. Lo único que se desea es educar racionalmente a la niñez, que empiecen en lo sucesivo a instruirse a los adolescentes y jóvenes que quieren utilizar el beneficio de una instrucción más compatible con seres racionales. Asimismo, hace hincapié en que el patriarcado mantiene a las mujeres apartadas del poder. Según la autora, el poder no se tiene, se ejerce. El poder no es de los individuos, sino de los grupos.[65]

También de ese periodo podemos mencionar a José del Castillo Pichardo, sociólogo dominicano que nació en 1947, posmodernista y que nos narra las principales contribuciones de Hostos a la sociedad dominicana. Nos menciona que la calidad

---

[64] Ibíd., pp. 120-121.
[65] Celia Amorós, *Teoría del poder*, 2a ed., Editorial Aguilar, Madrid, 1981, pp. 62-65.

pedagógica y su sentido innovador llevó a presentar y promover palpablemente la enseñanza normalista en la asignatura de moral social, sociología y derecho constitucional. Para él, sus lecciones fueron importantes para el desarrollo de la Escuela Normal. Sobre su estancia en la República Dominicana la divide en tres periodos: 1875-76, 1879-98 y de 1900-03, cuando le sorprendió la muerte un 11 de agosto de 1903 a los 64 años. Este autor cataloga a Hostos como un *Apóstol Dominicano*.

El historiador puertorriqueño Carlos Rojas Osorio decía en su ensayo *La educación moral* que Hostos pensaba que la virtud depende del conocimiento, pues la ignorancia es tan mala como la misma maldad. Según su análisis, para Hostos era necesario renovar el pensamiento y modernizar la filosofía en América Latina. No olvidemos que Hostos entrelazaba entre la ciencia, el pensamiento objetivo y la crítica racional. Por eso su filosofía educativa es racional. Establece tres aspectos básicos en el desarrollo de la razón, lógico, sensible y moral. Los conocimientos que pueden trasmitirse conciernen a la naturaleza física el hombre social y moral y el mundo intelectual. Hostos encuentra en Pestalozzi, el naturalismo quien decía que el desarrollo de la naturaleza humana está sujeto a leyes con las que debe conformarse el educador.

Conclusión

Todo dominicano y puertorriqueño, animado por un profundo sentimiento de justicia, de gratitud y patriotismo, seguirá admirando a aquellos grandes pensadores e historiadores que recopilaron los textos hostosianos y crearon una obra monumental en 1939. La misma constituye un significativo aporte de la memoria e ideas del prócer. Se impone la necesidad de mejorar ese legado para así enaltecer su imagen de patriota y sabio, de este ilustre educador socrático que contribuye a afinar y refinar las aristas del pensamiento crítico, cuando es capaz de servir como una fuente siempre renovable de las más ricas expresiones creativas de una sociedad.

Medítese el alcance de esta admonición socrática y podrá verse que dentro de su aparente sencillez encierra el carácter racial del verdadero quehacer universitario. Por eso cuando Hostos elabora su proyecto para la Escuela Normal de Santo Domingo o esboza sus principios pedagógicos, o hace que todo esfuerzo del educador tenga como prioridad al educando. Precisamente, la grandeza de Hostos como educador reside en que supo aplicar el método ecléctico de investigación filosófica en sociedades aquejadas por los males del colonialismo, del despotismo, de la miseria material y espiritual, en fin, de las lacras que hoy asociamos con lo que se denomina el subdesarrollado. Por tanto, para Hostos como para Sócrates, educación es: sinónimo de liberación en América Latina. Es allí donde pone todos sus proyectos pedagógicos y su afán de que se lleven a cabo sus grandes ideales, "Maestro de niños", "Maestro de adultos" y "Maestro de maestros". Podemos llamarle maestro por excelencia.

TRASFONDO HISTÓRICO

En este capítulo realizamos una revisión de datos históricos relacionados con los inicios de una nueva era. La misma nos ayudó a entender las principales razones del éxodo de los dominicanos a diferentes puntos del Caribe, principalmente a Puerto Rico. Conocimos algunos procesos políticos que dieron lugar a movimientos poblacionales hacia diversos sectores del Caribe y que establecieron las pautas para el desarrollo de una población que se preparó para aportar significativamente a la nueva sociedad a la cual pertenecía.

Para la década de 1920, ya la inquietud del pueblo dominicano se hacía sentir con la entrada del gobierno de Horacio Vázquez. Este gobierno se caracterizó por el amplio respeto de las libertades dominicanas. Las obras públicas, los servicios sanitarios, la educación y la agricultura fueron objeto de la atención del gobierno, desarrollándose como base principal la agricultura.

Un avance que contribuyó al bienestar económico de la República Dominicana en este periodo se le conoce como; "La Danza de los Millones" (1924-1930). Este periodo es reconocido como uno de prosperidad y bienestar en pueblo dominicano. Negociaron un acuerdo conocido como "Convención Dominico-Americano", que modificaba ligeramente la Ley de 1907 cuando se propuso una reforma constitucional para que diera al país una Constitución y así preservar unos mecanismos jurídicos para la defensa de los derechos humanos, a la vez que trata de reorganizar el país.

En ese momento Ramón Núñez de Cáceres, que era parte de la administración del presidente, fue asesinado por uno de los confidentes. En su paseo habitual, fue emboscado por el ejército nacional y lo mataron. Luego que sucediera esto, se activaron las energías guerreras de los dominicanos, surgiendo el famoso partido de Horacio Vázquez llamado "Horacista". Al renunciar

Juan Isidro Jiménez y Desiderio Arias, que para ese momento tenían el control de las Fuerzas Armadas, vinieron las fuerzas armadas estadounidenses, representadas por los *marines*[66] y ocuparon la nación el 16 de mayo de 1916.[67] Según plantea Frank Moya Pons, en su libro, *Manual de Historia Dominicana:*

> El Capitán Estadounidense H.S.Knapp; proclamó oficialmente la ocupación militar de la República Dominicana y dictó sentencia sobre ella haciendo oficial que a partir de ese momento la República quedaba bajo el mando del Capitán H.S.Knapp y las leyes de la República seguían igual siempre y cuando no estén en conflicto con su mando. Con estas palabras se acababa de derrumbar la soberanía dominicana. Cuando comenzó este problema político, ejercía como presidente Henríquez y Carvajal y él renunció y se declaró vacante su puesto. Procedieron entonces a nombrar a varios oficiales de la Marina Norteamericana. Henríquez, argumentó continuamente que esas exigencias norteamericanas eran violatorias a la Constitución y la Soberanía Dominicana.[68]

A pesar del bienestar económico, los dominicanos no aceptaban ser gobernados por estadounidenses como en su momento no aceptaron a los españoles, los haitianos o los franceses durante el siglo XIX. Es por eso que vemos que Henríquez y Carvajal viajó por los países de América Latina denunciando la ocupación estadounidense y la falta de libertades de los dominicanos.[69]

Estados Unidos convocó una Junta Consultiva el 3 de noviembre de 1919, compuesta por prominentes dominicanos que habían colaborado con el gobierno militar y crearon la unión nacional dominicana que obligó a Estados Unidos a retirarse de la República Dominicana con el compromiso de dejar el país

---

[66] Marines o Infantería de marina son las fuerzas élites dentro de la marina de guerra estadounidense.
[67] Frank Moya Pons, *Manual...*, p. 457.
[68] Ibíd., pp. 473-475.
[69] Ibíd., pp. 484-485.

organizado, para que el gobierno entrante tomara con seriedad la misión que se le otorgaba de manejar el destino de la nación.

La crisis del 1924 fue una de grandes proporciones. En este periodo, el gobierno de Horacio Vázquez fue una prolongación de la ocupación militar norteamericana. Todos los programas de fomento y obras públicas iniciados por el gobierno existente fueron ampliados y terminados durante este nuevo régimen. Además, se caracterizó por el amplio respeto de los ciudadanos. Aunque la modernización de la República Dominicana había comenzado en el último cuarto del siglo XIX con las modernas centrales azucareras, las calderas de vapor, los ferrocarriles, la llegada del telégrafo y alumbrado eléctrico; y la importación continua de miles de artículos modernos manufacturados en las nuevas industrias estadounidenses y europeas fueron de gran ayuda en el desarrollo de la economía dominicana.

Durante ocho años estuvieron los estadounidenses en el país. Los efectos de la ocupación dejaron huellas precarias, ya que las revoluciones eran posibles gracias al aislamiento en que vivía la población y a la abundancia de armas en manos de la gente. Sin embargo, una de las cosas que se pudo notar fue la promoción del béisbol y las peleas de los gallos como deporte nacional. Ese legado se expandió y dio su fruto hasta nuestros tiempos, siendo este el pasatiempo favorito del pueblo dominicano y un medio de la economía del país dando grandes estrellas en estos deportes. Ya, para el 1927 se notaba la prosperidad del pueblo ya que había trabajo, dinero, paz, bienestar y un aparente empeño general de superación.[70]

El gobierno del presidente Horacio Vázquez duró hasta el 16 de agosto del 1928 cuando fue sustituido por su sobrino, Martín de Moya quien era en ese momento Secretario de Estado. Lamentablemente, no resultó ya que tenía como contrincante

---

[70] Ibíd., p. 500.

un enemigo muy poderoso llamado Rafael Leónidas Trujillo Molina jefe de la antigua Policía Nacional Dominicana.

Trujillo nació el 24 de octubre de 1891 en la comunidad de San Cristóbal. Sobre este particular María de los Ángeles Trujillo, hija del dictador, indica:

> En la cronología de Trujillo del historiador Don Emilio Demorizi se encontró una transcripción de la partida de nacimiento de Rafael Leónidas Trujillo Molina en la Parroquia de San Cristóbal que dice: folio número 4036 de fecha 11 de diciembre de mil ochocientos noventa y tres. Lo cual aclara el cura de turno "bauticé solemnemente a Rafael, que nació en la fecha antes mencionada, hijo legítimo de José Trujillo Valdez y Altagracia Julia Molina vecinos de este pueblo. Fueron sus padrinos los abuelos paternos José Trujillo Monagas y su esposa".[71]

El abuelo paterno José Trujillo Monagas, miembro del cuerpo de sanidad del ejército español, en el año 1861 fue destinado a prestar servicio en la isla de Cuba, donde por motivo de la anexión se hizo famoso combatiendo a los delincuentes cubanos, buen soldado y de ahí podemos inferir que viene el militarismo de Rafael Leonidas Trujillo Molina. Urrutia Hernández en su biografía cita: "Nosotros solo creemos que Trujillo nació para Policía y que su constancia, firmeza y demás circunstancias que tiene lo han llevado al puesto que ocupa".[72]

La experiencia de Trujillo como policía lo llevó a la creación de un programa de gobierno continuo sin ningún obstáculo. Se destaca en el impulso de obras públicas y la creación de una política de colonización en tierras en desuso que hizo posible el desarrollo agrícola de la nación. La prensa defendió el sistema político del gobierno con rotativos propagandistas como *El Listín Diario* y *La Opinión*. Los mismos dieron a conocer al

---

[71] María de los Ángeles Trujillo, *Trujillo, Mi Padre, en mis memorias, Angelita*, 2009, p. 47.
[72] Ibíd., p. 48.

presidente como un buen administrador. Debemos notar que en ese momento él era el hombre más rico del país.

Desde el principio fue un régimen de rapiña, sus ambiciones lo llevaron a buscar el control de todos los negocios, junto a sus familiares inclusive su esposa, María Martínez. Establecieron un monopolio en su afán por aumentar su riqueza personal a lo largo de sus 32 años de gobierno. En ese momento se dio la conspiración de Trujillo contra los militares. La misma llevó al exilio al ex presidente Horacio Vázquez. Luego de este acontecimiento Trujillo promovió elecciones donde de manera fraudulenta obtiene el poder. Se proclamó presidente de la República. Durante su gobierno se firmó un tratado llamado: "Tratado Hull". Este acuerdo fue ratificado el 15 de febrero de 1941 y fue objeto de una enorme propaganda de parte del gobierno para hacer aparecer a Trujillo como el restaurador de la independencia financiera del país. Los fondos recaudados debían ser depositados en el "National City Bank of New York" que operaba en Santo Domingo, para que uno de sus funcionarios los administrara y hacía a veces de representante de los tenedores de bonos rindiendo cuentas a los acreedores extranjeros y al gobierno dominicano.[73]

Sin embargo, Trujillo en su régimen vio caer al general Desiderio Arias el 20 de junio de 1931 en un enfrentamiento con la fuerza del ejército que comandaba el capitán Ludovino Fernández. A pesar de todo, la paz que ansiaba no tenía el límite dentro de su contorno político. Trujillo se daba cuenta que sus amigos también ansiaban su poder y, aun así, según su hija Angelita Trujillo: "la generosidad de su padre no discriminaba a ninguna persona" pero en este caso no había razón para hostigar individuos refiriéndose a Desiderio Arias. Nos referimos a personas que estaban dentro del conglomerado dominicano.

---

[73] Frank Moya Pons, *Manual...*, pp. 520-522.

Personas que durante su vida habían desarrollado un espíritu aventurero en busca de superación, propio de la época. Ellos tenían todo el derecho de rehabilitarse y todos tuvieron la oportunidad. Pero con los renegados e impertinentes, aquellos de mente radicalmente malsana, el gobierno fue implacable, ya que el orden, la estabilidad nacional no estaba sujeta o subordinada a ningún individuo o grupo. En el país se había establecido el imperio de la ley.

Según la opinión de Frank Moya, Trujillo, en su afán de aumentar su riqueza personal hizo frente a una enorme tarea de desarrollar riqueza nacional, y de ahí su afán y empeño de continuar con la política de Fomento Agrícola y de obras públicas iniciadas por los gobiernos anteriores. Durante su largo periodo de gobierno llevó a cabo el más grandioso plan de obras públicas y construcciones jamás realizadas en República Dominicana. La economía comenzó a recuperarse alrededor del 1936-1938, el gobierno de Trujillo continuó los programas de carreteras, puentes, canales de riego y colonización agrícola. En pocos años el país empezó hacerse evidente gracias a la agricultura. En cuanto a la población, Trujillo desde el principio estimuló la emigración, además patrocinó la constitución de familias numerosas, en los primeros años de su régimen quería contar con suficientes brazos para la fuerza de trabajo.

Este proceso de emigración del campo a la ciudad se hizo más rápido gracias a los avances en las comunicaciones. Entre 1935 al 1950 se construyeron escuelas, acueductos, plantas de energía eléctrica gracias a los adelantos en las comunicaciones. Luego para el 1949, Trujillo comenzó a construir un ingenio en la cercanía de Villa Altagracia, en su finca, que luego llamó: El Ingenio Catarey. La misma fue una de las centrales azucareras más grande del país. Otra empresa que Trujillo adquirió para controlar la economía de la nación fue el National City Bank, que se convirtió en lo que hoy es el Banco de Reservas de la

República Dominicana en el 1941 y la compañía eléctrica llamada hoy, Corporación Dominicana de Electricidad.[74]

Ahora bien, Angelita Trujillo de Domínguez en su obra narra lo siguiente:

> Cuando el pueblo dominicano despierte la conciencia ciudadana, se dará cuenta de lo que hizo con mi padre, que construyó una patria apta para el siglo 20, así vemos como cinco lustros más tarde, en el discurso de apertura de la Feria de la Paz en la cual se conmemoraba los logros que legaba a la nación para el pleno disfrute de una auténtica democracia.[75]

La influencia económica de Trujillo en la República Dominicana siempre fue muy criticada. El hecho de que el generalísimo, siendo líder de su país, fuera un hombre millonario, no quiere decir que él no se preocupara por la situación económica desde que asumió la presidencia en el 1930. Nos damos cuenta de que él no se aprovechó de un país como lo hicieron Fulgencio Batista y Pérez Jiménez para enriquecerse, sino por el contrario, hizo de su país uno rico, a la vez que él se enriquecía también.

En República Dominicana, indudablemente, existieron muchas propiedades, especialmente rurales, que pertenecían a los miembros de la familia Trujillo, que son accionistas de industrias importantes como, por ejemplo, el ingenio azucarero Catarey, el ingenio central en Río Haina (jurisdicción de San Cristóbal), así mismo controlaron la industria del trigo y cacao. "El patrimonio que se le atribuye a la familia Trujillo fue algo fantástico, es superior a su verdadero patrimonio".[76]

A pesar de todo, desde su llegada al poder en 1930, Trujillo mantuvo una relación sin mayores conflictos con el gobierno

---

[74] Ibíd.
[75] María de los Ángeles Trujillo, *Trujillo…*, p. 89.
[76] Emilio Rodríguez Demorizi, *La muerte de Trujillo, según sus autores y los papeles de Ramfis Trujillo*, Editora Búho, República Dominicana, 2006, p. 181.

estadounidense, y si existieron, nunca tocaron el fondo político hasta la década del 1960; desde ese momento los matices políticos y económicos comenzaron a cambiar, pero Trujillo no se durmió en sus laureles y se preparó con municiones y armas. A pesar de las relaciones que mantuvo Trujillo con los Estados Unidos, no descartamos que fueron una pantalla para seguir hacia adelante con su régimen.

Esta afirmación queda evidenciada en la medida en que el gobierno estadounidense limitó el monto de su ayuda militar y fue selectiva en el tipo de artefacto que Trujillo mandaba a comprar. Recordemos que en el gobierno del presidente Eisenhower en el 1958 impuso un embargo al gobierno de Fulgencio Batista arrastrando la suspensión del aprovisionamiento de armas a la dictadura.

La dictadura es un gobierno que se ejerce fuera de las leyes constitutivas de un país donde existe la tiranía, despotismo, cesarismo, omnipotencia y abuso de poder. Durante el gobierno de Trujillo se formaron varios partidos políticos al finalizar la Segunda Guerra Mundial. Los conflictos bélicos en el ámbito internacional giraban en torno a los acontecimientos que se generaban dentro y fuera del país entre los comunistas y no comunistas, la búsqueda de alternativas del nuevo sistema político y, por ende, en busca de variables en la dictadura de Latinoamérica y, por supuesto, del Caribe: Cuba y República Dominicana.

En ese momento se materializaron las expediciones de Constanza, luego la de Maimón y Estero Hondo, comandadas por Henríquez Jiménez Moya y Horacio Rodríguez a la cabeza. Estos expedicionarios fueron los protagonistas del último intento de formar un frente guerrillero desde nuestras montañas para enfrentar la dictadura Trujillista el 14 de junio de 1959. Luego surgieron otros partidos políticos antitrujillistas entre ellos; Unión Cívica Nacional dirigido por Viriato Fiallo, el Movimiento de Liberación Nacional. Añade Torres, que "el

Movimiento Revolucionario 14 de junio (IJ4) en San Cristóbal la cual fue la cede de la cuna del general Rafael Leónidas Trujillo".[77]

Otras de las amenazas represivas de la dictadura trujillista fue la iniciada en el 1957 cuando los hermanos Hipólito y Marcos Rodríguez tomaron la decisión de buscar asilo el 23 de febrero del mismo. Otros jóvenes habían compartido con ellos tales como: el Dr. Miguel Román Díaz, abogado; Hipólito Rodríguez (Polo), Aníbal Santo (Nivin), ambos estudiantes de términos de la facultad de medicina y el Dr. Mario Readvitini, abogado.

Plantea Braulio Torres que el interés revolucionario surgió con las lecturas de los escritos de Carlos Marx, Lenin y Federico Engels. Las mismas desarrollaron un sentimiento revolucionario que promovió la lucha de clases en América Latina, a la vez, que establecía una acción combativa contra el imperialismo que afectaba a la región. .[78]

Narraremos los antecedentes del 1981 a través del trabajo historiográfico de Emilio Rodríguez Demorizi, *La muerte de Trujillo, según sus autores y los papeles de Ramfis Trujillo*. En el mismo se menciona la existencia de un testimonio de Rafael Vidal Torres sobre el papel de Modesto Díaz en el complot contra Trujillo, pero lamentablemente este testimonio no pudo ser localizado. También aparecieron las declaraciones de las seis personas involucradas en el complot: Modesto Díaz, Roberto Pastoriza, Pedro Livio Cedeño, Luis Salvador Estrella Sadhala, Huáscar Tejera y Luis Manuel (Tunti) Cáceres Michel. Además, aparecieron las declaraciones del chofer de Trujillo, Sacarías De la Cruz. Como toda obra de don Emilio, terminaba con un índice onomástico.[79]

---

[77] Braulio Torres, *Cautivo de mi verdad*, edición de Magnolia Zuazo, Editorial Alfa y Omega, República Dominicana, 2012, p. 41.

[78] Ibíd., p. 37.

[79] Emilio Rodríguez Demorizi, *La muerte de Trujillo...*, p. 35.

Pasado este incidente y ya en el puesto presidencial, Joaquín Balaguer recibió varios miembros de la Unión Cívica Nacional (UCN), entre ellos a Antonio Fiallo, Ángel Severo Cabral, Manuel Basquero, Ramón Cáceres Troncoso. Esta comisión fue a reunirse con el presidente para dejarle saber que Ramfis Trujillo preparaba un golpe de estado en la República Dominicana.

En ese momento llegaron Héctor Bienvenido (negro) Trujillo y Arismendi Petan, hermano del dictador quienes habían sido sacados del país con anterioridad. Desde ese momento la atmósfera en la prisión de la Victoria donde se mantenían los sobrevivientes del complot contra Trujillo estuvo cargada de temor e incertidumbre, comentando uno de los prisioneros llamado Pedro Livio Cedeño lo siguiente: "Ayer todos fuimos puestos en una misma celda. Parece que están clasificando las reses para un sacrificio". Los trasladaron al lugar que fue asesinado el jefe y allí se suscitó un interrogatorio con los autores del crimen y Emilio Demorizi presenta algunas revelaciones del lugar y hora exacta de la muerte de Trujillo, en las cuales se indica que la misma ocurrió, el 18 de noviembre de 1961, a las 10:30 p.m. en la avenida George Washington. Debemos señalar que al John Calvin Hill enterarse se trasladó al Palacio Nacional procurando darle la información a Balaguer. Él autorizó que periodistas y diplomáticos fueran a la autopista y presenciaran el interrogatorio, pero como la zona estaba bloqueada no pudieron llegar al lugar. Presenta Rodríguez Demorizi que:

A las 5:40 pm, algunos familiares pudieron ver a los prisioneros por última vez, fueron puestos de nuevo en un vehículo y los llevaron a la Hacienda María y allí fueron fusilados, en presencia de Ramfis que tomaba tragos con otros jerarcas militares. Para ese crimen utilizó una pistola de cacha blanca que pertenecía a su padre; creó un ambiente de fuga de los presos políticos y desde la Hacienda María Ramfis se trasladó a la fragata "Mella" y zarpó hacia la isla Martinica, cuando ya era de noche y nunca más regreso al país.[80]

En las declaraciones del chofer de Trujillo, Zacarías De La Cruz, se indica que:

Normalmente lo llevaba a San Cristóbal su ciudad natal, lo acompañé al pueblo esa noche del 30 de mayo y en el trayecto recibió varias heridas de balas aproximadamente después de haber avanzado un kilómetro en el último poste de alumbrado eléctrico de la autopista hacia San Cristóbal, repentinamente sentí un disparo desde un auto que iba detrás de mí con las luces apagadas. En ese momento me percaté que los disparos venían del auto que nos perseguía y presumo que fue con una escopeta por la detonación tan fuerte que se sintió, al final de la jornada donde nos lanzamos al combate, el jefe cae gravemente herido y yo estaba herido; así terminó la odisea del pueblo dominicano con su jefe abatido a tiros por su propio compadre. (...) ¿Dónde están los compadres del compadre que han matado?.

El pueblo respondió: todos fueron asesinados, solo dos de ellos murieron peleando. ¿Cuáles? Antonio de la Maza y García Guerrero. La herencia de Trujillo, este hombre que gobernó por 30 años con manos férreas dejó profundas huellas, pero la herencia negativa pesa más que los elementos positivos según el pueblo Trujillo abusó de su poder de un modo increíble, se dice que ha superado a cualquier dictador que haya existido en Hispanoamérica, era literalmente dueño y señor de vida y hacienda.

En los últimos años no era presidente de la República Dominicana pues hizo nombrar para la suprema magistratura, primero a su hermano Héctor Bienvenido Trujillo después a Joaquín Balaguer. No tenía un cargo oficial, era el jefe, algo así como un ángel protector que dominaba el estado sin estar metido en el engranaje de aparato jurídico. Desde el presidente hasta el último ciudadano estaban sometidos a los caprichos de su voluntad, todo el mundo que había

---

[80] Ibíd., pp. 37-38.

luchado tenía que obedecer o abandonar el país de lo contrario sus días estaban contados. En los últimos años todo parece indicar que Trujillo estaba perturbado mentalmente no se pueden explicar sus actuaciones.[81]

Al hacer el balance del régimen de Trujillo puede afirmarse que la herencia más funesta dejada por él al pueblo dominicano fue el desprestigio del gobierno. Los pueblos de Latinoamérica viven el mito de la democracia con fanatismo casi religioso. "Democracia" es la palabra sagrada que se concibe en un sentido más formalista y radical, libertad para todos. Ahora bien, nos damos cuenta que los países de Latinoamérica no son muy prácticos para llevar el ideal democrático. La democracia es más nominal que real, un timo, una estafa, todos hablan de democracia y hacen y actúan contrario a lo que representa la democracia. Aún los grupos de oposición no saben hacer críticas constructivas y respetuosas.

En la República Dominicana, Joaquín Balaguer tomó la rienda cuando Trujillo cayó abatido por las balas el 30 de mayo de 1961. Podemos decir que fue un hombre culto, profesor, buen escritor y autor de varios libros de historia de la República Dominicana. A pesar de haber sido muchos años ministro de relaciones públicas, vicepresidente y finalmente presidente jamás se apropió de un centavo que no le perteneciera; vivía modestamente. Todos los dominicanos tenemos que reconocer esta honestidad de que nunca se enriqueció de su poder, no atropelló a nadie y aun a sus enemigos políticos le sirvió sin titubeos; con su buena voluntad supo llegar a la masa con entereza y lealtad.[82]

Anterior a este fenómeno de los gobiernos inestables en República Dominicana, surgieron otros partidos como La Unión

---

[81] Ibíd., p. 39.
[82] Ibíd., pp.17-18.

Cívica Nacional, teniendo como líder a Viriato Fiallo y el Partido Revolucionario Dominicano cuyo candidato fue Juan Bosch. Siendo el Partido Revolucionario Dominicano el de mayor simpatía y el Partido Revolucionario-Social-Cristiano el de menor arraigo; otros de menor categoría fueron Vanguardia Revolucionaria y Alianza Social Demócrata.[83]

Los opositores más fuertes fueron: Juan Bosch y Viriato Fiallo. El primero desarrolló una campaña admirable; se le acusa con razón de haber jugado el papel de demagogo despertando el sentimiento clasista e incluso racial. Sus enemigos decían que prometió lo que no podía dar y sobre todo fomentó el odio entre ricos y pobres, consiguiendo una tremenda conmoción entre las masas populares con las alusiones a las clases adineradas.

Pero en sus planes hay que reconocer su campaña electoral habilísima, tanto es así, que alguna expresión fue muy genial en el arte de darse a conocer y entender por el pueblo. No hablaba en contra de los trujillistas hasta el punto de que se le acusó de estar ligado a los Trujillo. Y por ende, los militares con sus familias y todos los ciudadanos ligados al elemento militar votaron a favor de Bosch.[84]

El profesor Juan Bosch ganó por una mayoría aplastante de más del 60%. Y no solamente ganó la presidencia, además su partido obtuvo mayoría en el Congreso y Senado. La investidura de Juan Bosch como presidente se llevó a cabo con solemnidad deslumbrante. Jamás se habían concentrado en Santo Domingo tantos hombres del Estado. Allí estaba el presidente de Estados Unidos, Lindon B. Johnson, celebrando la democracia en un país Latinoamericano. Se sabía que Estados Unidos estaba bien interesado que la República Dominicana se gobernara democráticamente, ya que venía de un régimen dictatorial.[85]

---

[83] Marcelino Zapico, *Revolución...*, pp. 21-22.
[84] Juan Bosch, *Elecciones del 20 de diciembre de 1961*, Santo Domingo, pp. 23-24.
[85] Ibíd., p. 26.

Según Marcelino Zapico, el fracaso de Bosch como gobernante estuvo en la "aplanadora" donde predecía aplicar al pueblo en cualquier intento en contra a sus proyectos. Esta actitud, definitivamente era una mala práctica, ya que este país había sufrido 30 años de dictadura y no querían un dedo amenazante, ni por un segundo. El pueblo opinó que había sido muy personalista y autoritario en su gestión, sin embargo, hay que reconocer que no se persiguió ni se atropelló a nadie, y las decisiones se ajustaron a la letra del juego democrático de Juan Bosch. Se ha dicho que fue más político que administrador.[86]

Bosch tuvo en su haber muchas cosas favorables. Resulta interesante, la pregunta sobre la justicia o injusticia del golpe de estado que lo derribó el día 25 de septiembre del 1963. Esto anuló la Constitución aprobada por el Congreso y el Senado. El presidente fue expulsado del país y se asiló en Puerto Rico. En este golpe de estado estaban implicados todos los generales, y para mayor seguridad se estableció un triunvirato que dirigiese la nación. Esta situación se prolongó hasta la revolución de abril de 1965. Este golpe de estado fue el más funesto en la historia dominicana. ¿Había motivo razonable para derribar a Bosch o, por el contrario, el golpe fue inspirado por la codicia de quienes esperaban participar en los beneficios del poder?

Marcelino Zapico indica que:

> ...la respuesta a esta pregunta es clave. Si el golpe de estado no estaba justificado el 25 de septiembre de1963. ¿Es triste? ¿Por qué? Se paralizó un país en marcha hacia la paz y el progreso, y se había sentado un precedente nefasto, que degeneró en la revolución llevando al país a mayores desastres. A mi juicio ningún defecto justifica su derrocamiento.[87]

---

[86] Marcelino Zapico, *Revolución...*, pp. 23-24.
[87] Ibíd., pp. 25-26.

Ahora bien, los implicados en el golpe se justificaron que Bosch estaba conduciendo al país al comunismo. Si esta acusación fuera verdadera el golpe estaría justificado. La duda razonable es que cuando se le pidió al ex presidente derrocado que actuara con energía contra los comunistas, poniendo al partido fuera de ley, siempre se negó hacerlo diciendo que su principio democrático le impedía hacer semejante cosa. Parece cierto que los comunistas trabajaban activamente durante el régimen de Bosch.

¿Cuáles fueron las razones? Que tenían escuelas de entrenamientos y muchos hombres fueron a Cuba y venían de Cuba y otros países comunistas.[88]

Según nos presenta Braulio Torres, él salió el 20 de septiembre de 1963 hacia Jamaica, como punto intermedio antes de llegar a su destino Cuba. Era el primer viaje que realizaba al exterio. Quería conocer la isla de Fidel Castro. Ya previamente habían llegado otros compañeros antes que su grupo y que se temía que el profesor Juan Bosch fuera derrotado. Indica Torres que Bosch decidió hacer gestiones con el régimen de Fidel Castro para que algunos de sus hombres recibieran entrenamiento militar en el territorio cubano. El grupo resultó numeroso por lo que fue necesario dividirlo en dos, cada uno de ellos iba con diferente propósito, en esa alegría desbordante se enteraron del golpe de estado a su jefe, Juan Bosch. No obstante, siguieron el entrenamiento en la cordillera de Pinar del Río (Cuba).[89]

Su entrenamiento constaba de tácticas y estrategias de guerrillas, conocimiento de las armas usadas en el ejército, sanidad militar, comunicación por radio, explosivos, brújulas, topografía y fogueo de tiro en teoría y práctica. Luego de su entrenamiento en Cuba regresaron de la montaña queriendo, después de dos

---

[88] Marcelino Zapico, *Revolución...*, p. 27.
[89] Braulio Torres, *Cautivo...*, p. 77.

años con su preparación militar, hacer un frente guerrillero en su país.[90]

Arribaron a Santo Domingo haciendo escala por diferentes países, sin poder estar en suelo norteamericano ya que ocurrió uno de los episodios más connotados de su historia; el asesinato del presidente J. F. Kennedy. A la llegada de los que entrenaban en Cuba a República Dominicana, el Movimiento Popular Dominicano (MPD) ya se había movilizado a la montaña luego de que el grupo fuera desarticulado y se arrestaran a varios integrantes del mismo.[91]

Braulio Torres expone que los que estaban en libertad, debían estar en la clandestinidad. No había movilización y siendo ya de madrugada, se inició formalmente la militancia revolucionaria. Trataron de formalizar el Movimiento Popular Democrático y el Movimiento 14 de junio donde permanecieron hasta el 1976 dando la batalla por el pueblo dominicano.[92]

En este trasfondo histórico hemos querido conectar una historia que aconteció antes del régimen trujillista que data del 1924-1930. Planteamos este detalle que nos da la idea de cuáles fueron las verdaderas reacciones militantes de un pueblo que luchó por la libertad política, social y económica, que hasta hoy nos ha dejado un legado de no ser esclavo y levantar la frente para declarar nuestra libertad. Esto, evidenciado en los estudios que realizamos sobre la mujer dominicana, que aún en el exilio se preparó y formó parte del grupo de profesionales del lugar donde se encontraba. En el siguiente apartado analizaremos la educación de la mujer dominicana en la era de Trujillo.

---

[90] Ibíd., pp. 70-71.
[91] Ibíd., pp. 71-72.
[92] Ibíd., p. 77.

LA EDUCACIÓN DE LA MUJER DOMICANA EN LA ERA DE TRUJILLO: 1930-1961

El régimen militar de Rafael Leónidas Trujillo comenzó en el 1930. Este venía de una familia de descendientes militares como lo fue su abuelo paterno y su padre. Durante su mandato, estudió la carrera de leyes. En la historia dominicana quizás no haya existido una figura que ejerciera mayor influencia ni disputa de mayor proyección, que el generalísimo Rafael Leónidas Trujillo. No obstante, a partir de su régimen comenzó la odisea del pueblo dominicano.[93]

La dictadura de Trujillo al iniciar la década del 1930 coincidió con el movimiento feminista que tomaba auge para ese mismo tiempo en la República Dominicana y que representó un obstáculo para el desarrollo de la dictadura. Tan temprano como en 1932, en la ciudad de Santiago, Ercilia Pepín una destacada líder feminista y educadora se manifestó en contra de la tiranía.[94]

Entre 1930-1947, la dictadura de Trujillo se caracterizó por un régimen de "terror" tanto en contra de dominicanos como de haitianos, acción que llevó a que Estados Unidos interviniera y provocara que en 1952 Trujillo entregara el poder a su hermano Héctor Bienvenido Trujillo. Este traspaso de poderes fue en apariencia ya que el dictador siguió su trayectoria tras bastidores.

En este escenario político aparecen los letrados Peña Batlle y Joaquín Balaguer.[95] Ellos establecieron un sentir de glorificación al acervo hispánico de los dominicanos al punto que despertó un sentido de la patria entre los mismos. A su vez, surgieron pensadores con opiniones distintas en contra del

---

[93] Néstor Rodríguez, "La isla y su revés", *Revista del Instituto de Cultura Puertorriqueña*, San Juan, enero-junio, 2003, p. 95.
[94] Myrna Herrera Mora, *Mujeres Dominicanas...*, p. 72.
[95] Ibíd., p. 9.

régimen de Trujillo. La autora Gabriela Margesini, en su libro *Extranjero en el paraíso* contradice al régimen; diciendo que el gobierno de Trujillo era uno dictatorial donde el pueblo no tenía ningún valor.[96]

Sin embargo, una de las más fervientes defensoras del régimen era su hija Angelita Trujillo, quien narra que:

> A mi padre le gustaba ver hombres laboriosos, quienes eran sus mejores amigos solía decir. De igual modo le enfadaba la holgazanería. Rechazaba las mentalidades aletargadas. Ensimismados en el conformismo. Degradante propia de pueblos sin futuro. De la patria de todos, pues todos tenemos que trabajar por ella".[97]

¿Qué pasó con la educación de la mujer dominicana en una época en que esta era discriminada, a la vez que enfrentaba los grandes retos y contratiempos para lograr una educación de excelencia? Sabemos que la base fundamental del desarrollo cultural y económico de un país descansa en la educación.

En 1939 se estableció la primera escuela diplomática de América en el país. El cuerpo docente lo integraban ilustrados de envergadura como el licenciado Manuel Arturo Peña Batlle, que era mano derecha de Trujillo; don Rafael Emilio Demorizi, famoso historiador dominicano; Arturo Depradel, médico forense; y Max Henríquez Ureña, historiador; todos ellos constituyeron la creada Cartilla Diplomática Consular.[98]

Después de la Revolución Francesa en 1789 son muchas las luchas que enfrentaron los movimientos feministas de la mujer dominicana que había empezado a expresarse colectivamente por sus derechos. Estas habían sido excluidas del proyecto de constitución de derechos políticos o cualquier otra índole. En

---

[96] Gabriela Malgesini, *Extranjeros...*, p. 47.
[97] María de los Ángeles Trujillo, *Trujillo...*, pp. 48-49.
[98] Ibíd., p. 140.

nuestra opinión era como si en el país sólo los hombres tuvieran todos los derechos en sus manos, lo que dejaba ver un discrimen abierto contra la mujer.

La activista revolucionaria Olimpia Gouges, (1748-1793) fue la protagonista femenina que publicó la Declaración de los Derechos de la Mujer y de la Ciudadana que de hecho era la misma declaración de Derechos del hombre y el ciudadano, aprobada por la Asamblea Nacional en agosto de 1789, pero excluyendo a las mujeres.[99] A pesar de todo lo que se ha escrito sobre los derechos de la mujer consideramos que nos falta indagar más sobre estos temas ya que en pleno siglo XXI vemos las pocas oportunidades que le dan a la mujer.[100] Estos movimientos realizados por mujeres sirvieron de punto de partida para lograr el sufragio femenino y otros derechos paulatinamente.

En 1934 se hizo el primer ensayo para enseñar a las mujeres a votar por un grupo que estaba encabezado por mujeres sufragistas como: Abigail Mejía, fundadora del movimiento Acción Feminista Dominicana; Evangelina Rodríguez, doctora; Lesbia Vélez y Amanda Nívar.[101] En 1940 la mujer dominicana obtuvo la cédula personal de identidad y en 1944 se reconoció el derecho político de la mujer oficialmente.[102] A partir de ese período las mujeres tenían que cargar con la cédula personal de identidad. Este era un librito parecido al de los "jornaleros" puertorriqueños, creado en 1849, bajo el gobierno español de Juan de la Pezuela.

El documento era pre-enumerado con una fotografía al portador y un número de control en la parte externa. En cada

---

[99] Leonardo Amparo Valerio, *Tratado de Derecho Electoral Dominicano*, Editorial Búho, Santo Domingo, 2009, p. 290.
[100] Ibíd., p. 292.
[101] Ibíd.
[102] Ibíd. p. 293.

municipio era diferente y dicho documento se creó con la finalidad de recaudar impuestos. Con el sufragio femenino se hizo un requisito que las mujeres lo poseyeran.[103]

Por otro lado, en 1942 mediante legislación del Congreso de Santo Domingo se logró el voto femenino y la igualdad política para las dominicanas que por primera vez podía votar y ser elegidas en los comicios, a la vez se le otorgó igualdad salarial y derechos laborales.[104]

Hay que destacar que la mujer dominicana llegó -tarde- a la educación, -tarde- a la política y -tarde- a la vida pública. Algunas de las mujeres que se destacaron como feministas venían de una enseñanza del colegio San Ignacio dirigidos por los padres Jesuitas que tenían formación de educación europea. Por otro lado, la socióloga Mariví Arriví, estudiosa de la mujer dominicana, señala que hubo mujeres que podemos llamar feministas desde finales del siglo XIX, porque la corriente de la discriminación a ellas y desde que adoptaron una posición de lucha.[105] Los roles adjudicados a la mujer para entonces era en las prácticas curativas, culturaban a los niños que mantenían las tradiciones del grupo por lo cual fueron criados. Todos estos aspectos han sido disfrazados dentro de los procesos de modernización en los cuales, agentes exteriores predominantemente masculinos, desplazaron como supersticiones e imaginación, los conocimientos previos feministas como lo hacen los fundamentalistas que promueven un discurso que nadie puede interpretar de otra forma.[106]

Por otro lado, por mucho tiempo los patrones sociales han tenido una idea del sitial que le corresponde a la mujer. El autor Leonardo Amparo Valerio señala, que la percepción que tiene la

---

[103] Ibíd., pp. 29-30.
[104] María de los Ángeles Trujillo, *Trujillo...*, pp. 422-423.
[105] Mariví Arriví, "Trayectoria del Feminismo en la República Dominicana", *Ciencias y Sociedad*, Santo Domingo, Vol. XIII, Núm. I, enero-mayo 1988, p. 9.
[106] Ibíd., pp. 48-49.

sociedad de las mujeres es que el espacio doméstico es el espacio natural de la mujer.[107] Los estudios disponibles tienden a soslayar el papel de las mujeres en la lucha anti trujillista. Para Myrna Herrera los orígenes del movimiento feminista provienen desde finales del XIX, cuando el puertorriqueño Eugenio María de Hostos colaboró con la joven Salomé Ureña, quien se destacó como piedra angular en el desarrollo de la educación de mujeres dominicanas profesionales.[108] Hay que destacar que el haber tenido a uno de los próceres puertorriqueños de colaborador, además de ser un honor, era como si hubiera estado en una de las mejores universidades europeas.

El 18 de febrero de 1880 surgió la primera escuela de educación normal de señoritas, cuyos fundadores fueron los dos personajes antes descritos. Eventualmente, la escuela adoptó el nombre de Instituto de Señoritas Salomé Ureña.[109] Debemos señalar que esta escuela surge por iniciativa de entes privados e independientes interesados en la educación de la mujer y no por parte del régimen gubernamental.

En la era de Trujillo, este, aunque no compartía las ideas de la filosofía Hostosiana, no se opuso a la misma y llegó a desarrollarse una educación de avance. Entre las mujeres que surgieron podemos mencionar a las hermanas Mirabal que fueron mujeres preparadas y luchadoras. Una, de ellas, abogada sufrió la prohibición del régimen a ejercer su profesión. Por otro lado, cabe destacar, que los historiadores dominicanos Valentín Peguero y Danilo de los Santos, describieron cómo a partir del legado de Ureña "la mujer dominicana dejó de ser un mero objeto del hogar para convertirse en una trabajadora activa de la sociedad. Entre ellas un ejemplo educativo fueron, Luisa

---

[107] Leonardo Amparo Valerio, *Tratado...*, pp. 28-29.
[108] Myrna Herrera Mora, *Mujeres Dominicanas...*, p. 10.
[109] Petronila Angélica Gómez, *Contraste de la Historia del Feminismo Dominicano*, Editorial Librería Dominicana, Ciudad Trujillo, 1952, pp. 24-25.

Ozama y Ercilia Pepín que se destacaron en el quehacer educativo".[110]

En la cuarta década del siglo XX, el campo de acción de las expectativas de educación de la mujer dominicana se extendió, algunas iniciaron estudios universitarios en profesiones que sólo estaban reservadas para el hombre, entre ellas la medicina y las leyes.[111] Entre estas mujeres se destacó Petronila Angélica Gómez, reformadora social y presidenta de la *Revista Fémina*.[112] Esta estudió medicina logrando titularse como la primera doctora en su campo, especialista en cirugía, que brindó servicios de salud al pueblo dominicano. Otra de las mujeres en graduarse de doctora fue Evangelina Rodríguez, también se tituló en medicina y cirugía. Al igual que la Dra. Gómez, la Dra. Rodríguez contribuyó a la salud del pueblo.

El autor Leonardo Amparo en su versión trae detalles muy interesantes y expone que, a pesar de que las mujeres se preparaban para participar y tomar decisiones en la sociedad, era visible que apenas lograran su objetivo dentro de las estructuras partidarias. Al momento de una elección prefieren imponer a un hombre, en franca discriminación de las mujeres.[113] Sin embargo, Petronila Gómez en su *Revista Fémina* con fecha del 15 de julio de 1922 publicó un editorial llamado, "*Educación o Muerte*", en la cual hace una denuncia de exhortación a un llamado al reto para la mujer. El editorial tuvo como propósito principal ofrecer a la mujer intelectual la oportunidad de exponerse públicamente para construir el edificio de la nacionalidad, su hogar y familia.[114]

La primera escuela del régimen de Trujillo surgió en la segunda década de su mandato. Este se refería a las escuelas lo que

---

[110] Myrna Herrera Mora, *Mujeres Dominicanas...*, p. 41.
[111] Ibíd., p. 55.
[112] Petronila Angélica Gómez, *Contraste...*, pp. 24-25.
[113] Leonardo Amparo Valerio, *Tratado...*, p. 28.
[114] Ibíd., p. 29.

él mismo llamó, "la creación de una insuperable red de escuelas para la enseñanza pública" y que se extendiera desde Cabo Engaño a los límites fronterizos con pequeños locales consagrados a la docencia. Había un alto nivel de analfabetismo en el país que no era aceptable a los planes del nuevo gobierno, esta rondaba en el 80% de la población.[115] El pueblo apoyó los esfuerzos de la creación de escuelas, se establecieron bibliotecas públicas en diferentes lugares de la ciudad. La educación se fundamentaba en los principios de una enseñanza que comprendía lo intelectual, moral y físico para el pueblo dominicano.[116] Las escuelas normales de la capital y Santiago de los Caballeros se conocían como escuelas preparatorias o bachillerato, en otras palabras, es lo que en Puerto Rico un "cuarto año". Los maestros no tenían una preparación universitaria en pedagogía. Estas escuelas fueron creadas para la formación de un adiestramiento como maestros urbanos para la enseñanza primaria y secundaria y otras especializadas en zonas campesinas.[117] Inferimos que la preparación de los maestros de educación pública era muy inferior a los maestros de instituciones privadas Jesuitas que venían de una tradición de enseñanza europea. Cuando Trujillo asumió el poder en 1930, en ochenta y seis años de vida de la república se habían construido 526 escuelas. Para mediados del siglo XX el régimen contaba con alrededor de 2,965 escuelas, por lo que el generalísimo decía que: "Los pueblos caminan según el grado de cultura que poseen. Sólo las escuelas sostienen el desarrollo y el progreso de un país".[118]

Es cierto que fue un esfuerzo extraordinario el impulsar la educación en ese momento. Además, las personas que se

---

[115] María de los Ángeles Trujillo, *Trujillo...*, p. 151.
[116] Ibíd., p 151.
[117] Ibíd., p. 152.
[118] Lipi Collado, *Anécdotas y Crueldades de Trujillo*, Editorial Callado, República Dominicana, 2002, p. 153.

dedicaron a la enseñanza no contaban con un grado universitario, sino con adiestramiento de cómo enseñar alfabetización a los niños. Sin embargo, en esa época visitar una escuela era como entrar a un templo, el orden y la limpieza eran impresionante. Durante las horas de clase imperaba la disciplina, el silencio y se percibía un respeto y consideración del que gozaban los educadores. La moral cívica y el amor a los valores patrios ocupaban un lugar en el programa de estudios que se podía ver una exitosa obra de gobierno.[119]

El desvelo del Generalísimo y su afán por la educación de los dominicanos no tenía límites, claro está, algunas familias que contaban con los recursos económicos enviaban a sus hijos a colegios.

En el transcurso de los años las mujeres profesionales siguieron las luchas por sus derechos en el ámbito político. Myrna Herrera señala que, en 1947, algunas de las mujeres líderes de la Organización Juventud Democrática y Líderes Gremiales y Educadoras, fueron perseguidas por el régimen como, Josefina Padilla, Carmen Natalia Martínez Bonilla y Maricusa Ornez Coiscou.[120]

Para el 1955 a pesar de que el saber ya no era un privilegio y de haber arrinconado el analfabetismo, Trujillo todavía aspiraba a más, lo que pensaba en su discurso lo ponía a prueba. Hoy el pueblo dominicano en mayor o menor grado es un pueblo culto. En el mensaje que dirigió a la nación el 26 de marzo dijo, citando al gran educador americano Horace Mann: "En República Dominicana la ignorancia es delito, ya que el funcionamiento de un gobierno democrático sólo es posible con ciudadanos ilustrados".[121]

---

[119] Ibíd., p. 158.
[120] Myrna Herrera Mora, *Mujeres Dominicanas...*, pp. 76-77.
[121] María de los Ángeles Trujillo, *Trujillo...*, pp. 160-161.

El Presidente decía que: "la mayor satisfacción que sentiré es el día que todos mis compatriotas sepan leer sus propias manos y sus ojos escribir y leer estas palabras: Dios, Patria y Libertad". Palabras que el generalísimo hizo suyas y que emanan de los forjadores de la patria, Juan Pablo Duarte, Francisco del Rosario y Ramón Matías Mella paladines de Independencia de la República Dominicana en 1844.[122]

Para 1950, bajo el régimen de Trujillo se había erradicado el analfabetismo. El historiador y educador dominicano Rafael Emilio Demorezi indica que en las áreas urbanas y rurales se habían creado miles de escuelas profesionales competitivas que mejoraban o promovían la preparación de la mujer.[123] En nuestra opinión a pesar de que en el plano profesional había mujeres bien preparadas, en el plano político no tenían cabida por ser un régimen predominante masculino. A pesar de que la mujer logró el sufragio y diversos derechos políticos, entre ellos la ley no.13-00 que alterna la candidatura de síndico (a) y de vice síndicos (as), planteando un criterio de equidad de género, cuando el candidato al puesto de síndico sea hombres la vice sindicatura debe ocuparla una mujer o viceversa. En la realidad ocurrió lo contrario, los partidos políticos llevaban candidatos hombres a la sindicatura y se dejaba a un lado a la mujer. La tradición oral de la cultura dominicana señala que: "Los hombres en la calle y las mujeres de la casa".[124] Una igualdad simulada no real en cuanto al poder y el ejército pleno de sus derechos.

En el sufragio femenino, tanto en la República Dominicana al igual que en otros países, el reclamo de igualdad se volcó inicialmente en el campo educativo. Mujeres feministas de la

---

[122] Ibíd., p. 159.

[123] Rafael Emilio Demorizi, *La muerte de Trujillo...*, p. 204.

[124] "Los hombres en la calle y las mujeres en la casa" es parte de las frases coloquiales que se dan en la sociedad dominicana. La frase denota la poca sensibilidad que la sociedad dominicana ha tenido sobre la adquisición de derechos de las mujeres.

época, como María Nicolasa Bellini y Socorro Sánchez se atrevieron a denunciar la necesidad de proveer educación a la mujer exigiendo a las autoridades el Colegio de Niñas. [125] El sistema y forma de gobernar del caudillo no era lo que se esperaba en ese momento, ya que si las mujeres se educaban y formaban en su patria era necesario y justo que sirvieran a la misma. [126]

Desde las primeras décadas del siglo XX algunas mujeres profesionales que se habían educado en universidades extranjeras contribuyeron en la medicina y las diferentes áreas del quehacer al bienestar del país. El Instituto de Señoritas llegó a ser el semillero de mujeres con oportunidades educativas en diferentes instituciones y regiones del país. Entre estas mujeres se destacaron, Livia Veloz destacada poeta y líder feminista en los inicios del régimen de Trujillo.

En realidad, el espíritu de superación de la educación no se detuvo. Para los años 1945 al 1946 ya existía la universidad Autónoma de Santo Domingo. También aportaban a la educación los colegios parroquiales, escuelas de arte y oficio, los politécnicos, entre ellos el Colegio Juan Bosco, Colegio San Ignacio de Loyola y María Auxiliadora de Padres Franciscanos. En esta última, una de las hermanas Mirabal, Minerva cursó estudios. [127] Podemos inferir que posiblemente la inmensa mayoría de las mujeres que luchaban en los movimientos antitrujillistas por una mejor oportunidad de vida pertenecían a la clase acomodada. La educación que prestaban esas instituciones y colegios parroquiales no era gratuita por lo que estaban mejor preparadas.

Por otro lado, el padre Luis G. Posada de la Compañía de Jesús, le sugirió a Trujillo la creación del Politécnico Loyola. La

[125] Rafael Emilio Demorizi, *La muerte de Trujillo...*, p. 205.
[126] Myrna Herrera Mora, *Mujeres Dominicanas...*, pp. 10-11.
[127] Mariví Arriví, "Trayectoria...", p. 9.

sugerencia de este fue muy importante en su mandato.[128] El dictador no era muy religioso, solo le gustaba mostrar a los obispos y sacerdotes una visión diferente a la realidad.

Nunca faltó oposición y lucha en contra del régimen, aún desde el exilio en otras Antillas. Una de las opositoras del dictador Trujillo fue doña Inés Mendoza de Marín, primera dama de Puerto Rico que señalaba que: "La dictadura se traga a los hombres, hace correr la de inocentes sin juzgarlos y tuercen los huesos de quienes resisten. La dictadura deja mucho que desear, atropella a los jóvenes adolescentes, no edifica hace daño y ese es el régimen dictatorial de Rafael Leónidas Trujillo en la República Dominicana".[129]

Además, continúa diciendo a los estudiantes que la dictadura detesta la inteligencia porque la inteligencia es el arma de conquistar los derechos del hombre.[130]

Es cierto que en la época de Trujillo el pueblo tenía trabajo, seguridad social de sus habitantes siempre y cuando que no se opusieran a su régimen. No había inmigración masiva, excepto algunos casos por motivos políticos. Inclusive en el aspecto económico el país tenía una economía próspera ya que la moneda dominicana igualaba al dólar americano. Algunos autores como Frank Moya sostienen que:

> Trujillo fue simplemente trujillista no nacionalista como se ha dicho incesantemente, pues la nacionalización de docenas de diversas empresas extranjeras fue llevada a cabo en su propio favor y aunque invertir en sus propios beneficios en crearse de

---

[128] Rafael Emilio Demorizi, *Sociedades y Cofradías, Escuela y Gremios Corporativos en la Educación Dominicana*, Santo Domingo, 1975, p. 47.

[129] Inés Mendoza de Muñoz, *Mensaje sobre la dictadura,* Fundación Luis Muñoz Marín, 1951, p. 23.

[130] Archivo Luis Muñoz Marín, Colección Inés Mendoza de Muñoz, Carta Paso #63, Caja.2, Trujillo Alto, Puerto Rico, 1951, p. 2.

nuevas empresas una parte de su fortuna fue depositada en bancos extranjeros y no en el país, a pesar de su forma de gobernar.[131]

El 24 de octubre de 1958, en su pueblo natal San Cristóbal, Trujillo presentó un mensaje inspirado en una política de paz y trabajo para el pueblo. En el mismo se asignaron propiedades y bienestar para el pueblo. También, se ofreció un reconocimiento de gran envergadura a la mujer dominicana más bien asegurándose de enaltecer su imagen.[132] Sin embargo, la crueldad del dictador no tenía límites.

El profesor Rafael Yepe, creador y director de una escuela primaria que atendía a ochenta alumnos y dos profesores auxiliares asignaron una tarea "importante" para el día de las madres. Ordenó a sus alumnos una "composición" sobre la madre dominicana. Llegó el día en que cada niño leyó un inspirado escrito acerca de las preguntas. Uno de los niños, hijo de un diputado, dedicó su composición a doña Julia Molina, madre del "tirano". El niño escribió: "sobre la tierra dominicana no hay ni hombre ni mujer más extraordinario que ese par de dominicanos". El profesor le advirtió que al igual a su madre y otras madres merecen iguales o parecidos elogios y que ellos, los niños, serían hombres del mañana, educados con acierto propio. El niño le contó a su padre el "regaño" del profesor y ese mismo día en la noche llegó un camión del ejército y sacaron de la casa al profesor, a su esposa y a su hija. Recorrieron el barrio en busca de los estudiantes que carearon al profesor, luego despacharon a los estudiantes para sus casas, pero el profesor y su familia nunca regresaron a la casa. Un mes después la escuela fue clausurada.[133] Aparentemente, el ejemplo que el profesor

---

[131] Frank Moya Pons, *Manual...*, pp. 524-525.
[132] José Figueres, Archivo General de Puerto Rico, Fondo de Gobernadores, Era de Trujillo, Caja #1229, San Juan, 1958.
[133] Lipi Collado, *Anécdotas...*, p. 246.

dijo sobre la composición del niño representaba una amenaza para el régimen.

Las decisiones de Trujillo excedían en lo enérgico, los encarcelamientos tortuosos y los crímenes ocurridos a partir del 14 de junio de 1959, dieron lugar a que las esposas, viudas, y madres de los reprimidos, planearan realizar una marcha en protesta vestidas de negro por la calle "Conde" una de las principales vías públicas de la capital dominicana. Cuando el Generalísimo fue informado, como fuera de sí y voz enérgica anunció que el desfile de las mujeres sería barrido a fuego de ametralladoras, argumentó macabramente; "Si mi propia mujer y mi propia madre encabezaran un acto semejante, serían las primeras en sufrir las consecuencias de su insensatez".[134]

Aunque los preparativos de la marcha se detuvieron, no cabe duda que la masacre hubiera sido una realidad. Resulta evidente que el "Tirano" no se detenía de quitar del medio a aquellos que protestaban o se opusieran a su régimen. Nos narra Frank Moya, historiador dominicano que, en los acontecimientos del 14 de junio de 1959, el terrorismo, tortura, encarcelamientos y asesinatos eran la orden del día. Todos ellos opositores del gobierno de Trujillo, entre los asesinatos estaban los esposos de las hermanas Mirabal que habían estado encarcelados por conspiración.[135]

Dichos acontecimientos dieron lugar a otros, siendo las mujeres dominicanas víctimas del régimen dictatorial de los crueles manejos.[136] Otro acontecimiento que estremeció el país ocurrió el 27 de noviembre del 1960. Ese día fue el asesinato de las hermanas Mirabal, profesionales prometedoras antitrujillistas, de familias distinguidas. Según las declaraciones del general Ramón Fernández, los que las ejecutaron fueron miembros del

---

[134] Ibíd., p. 47.
[135] Frank Moya Pons, *Manual...*, p. 523-524.
[136] Ibíd., p. 525.

servicio de inteligencia militar, dependencia directa de las Fuerzas Armadas. Los hechos ocurridos quedaron impunes, pero señalaron a Rafael Trujillo como el responsable. El propio Trujillo se refería a ese injustificado crimen en la intimidad como un acontecimiento ajeno a su voluntad. Según versiones de su hija, Angelita Trujillo, su padre no tuvo que ver con la muerte de las hermanas Mirabal.[137]

Sin embargo, otra versión es la que narra la periodista Ángela Peña, quien realizó la única entrevista que se tiene de la señora Benita Sepúlveda (La niña), que fungió desde 1944 como ama de llaves de la casa "Caoba" de Trujillo, que era como una especie de Club donde también las hermanas Mirabal frecuentaban. Sepúlveda informó a la periodista que el día de la muerte de las hermanas Trujillo llegó al Club un tanto perturbado y le contó a la niña sobre el accidente ocurrido en Puerto Plata. La gran interrogante es ¿el jefe las mandó a matar o usted cree que fue un accidente? Ese día se le vio con mucha pena.[138] En nuestra opinión un misterio rodeó el asesinato de las hermanas Mirabal, que como mujeres educadas lucharon a través de los grupos feministas por mejores posiciones como profesionales en el ámbito político.

Por otro lado, nos preguntamos, ¿cuántas mujeres profesionales formaron parte del gabinete de Rafael Leónidas Trujillo? Muy pocas mujeres se destacaron en la era de la educación de Trujillo, aunque había muchas muy bien preparadas. ¿Por qué? La realidad no fue porque no hubiera talento. Los documentos indican que Trujillo era una persona muy desconfiada y las tareas eran asignadas a personas de su entera confianza. Los puestos estaban en manos de personas allegadas a él, por ejemplo, Flor de Oro, hija del primer matrimonio de Trujillo, educada en Bruselas puso sus conocimientos en la patria como

---

[137] María de los Ángeles Trujillo, *Trujillo...*, p. 244.
[138] Ibid., p. 426.

escritora sensacionalista.[139] María Martínez se había desempeñado como "taquígrafa parlamentaria en el senado", luego trabajó en el "Tribunal de Tierras", ahí conoció a Rafael Trujillo en 1928. Una vez Trujillo inició el mandato, casado ya con María Martínez, la esposa, ocupó el cargo de defensora de pedagogía hasta 1954. En 1935 allegados a la esposa del vicepresidente Jacinto Peinado, Mercedes Soler de Peinado ocuparon altos puestos en el gobierno.[140] Otras que eran familiares de la esposa del Generalísimo, Lourdes Marchena Martínez y Rosalía Martínez ocuparon cargos en la biblioteca para 1947.[141] En el 1933, doña Minerva Bernardino fue nombrada como la primera mujer en asistir a representar al país en una Conferencia Internacional en Montevideo, Uruguay. Otra de las mujeres que ocuparon cargos en 1946 fue Ligia Ruíz presidenta de la Cruz Roja Dominicana.[142]

Hubo mujeres profesionales que sirvieron, prestando servicios necesarios a la sociedad, pero no eran consideradas del gabinete del régimen, como la doctora Evangelina Rodríguez que fue perseguida, excluida de participar en los congresos internacionales de médicos, por no reconocer a Trujillo como su máximo jefe.[143] Solo aquellas mujeres que apoyaban la gestión del régimen lograban alguna posición.

Para concluir, la educación de la mujer en la Era de Trujillo, aunque progresista, tuvo sus limitaciones. Por un lado, Trujillo desarrolló una de centros de enseñanza en todo el país; por otro lado, la preparación de los maestros no fue la adecuada ya que se les adiestraba como instructores y no como pedagogos. La aspiración de Trujillo era que por lo menos la población aprendiera a leer y escribir, logrando en ese renglón un gran avance.

---

[139] María de los Ángeles Trujillo, *Trujillo...*, p. 280.
[140] Ibíd.
[141] Ibíd., p. 283.
[142] Ibíd., p. 428.
[143] Myrna Herrera Mora, *Mujeres Dominicanas...*, p. 72.

Entendemos que esto no era suficiente para el desarrollo del potencial de la mujer dominicana que aspiraba a ser una profesional y ser útil a la sociedad.

Hay que tener en cuenta que en el país había mujeres profesionales preparadas para la enseñanza que no se les dio la oportunidad de desarrollarse. A muchas de ellas se les negó esa oportunidad por pertenecer a movimientos feministas. También vemos que fueron pocas las mujeres dominicanas que pertenecían a su gabinete constitucional. Las medidas de control que adoptó el régimen eran insostenibles. Los movimientos feministas se mantuvieron enérgicos en el país por lo que la persecución de las antitrujillistas estuvo presente mientras él gobernó. Muchas de las mujeres profesionales del país se vieron obligadas a exiliarse en diferentes países, entre ellos: Puerto Rico. Desde el exilio se continuó con la lucha antitrujillista. Muchas de las mujeres profesionales ocuparon posiciones profesionales de gran importancia en el exilio de las cuales estaremos hablando más adelante.

ÉXODO DE LA MUJER DOMINICANA
A PUERTO RICO

En este capítulo estudiamos el trasfondo de los principios de la Era de Trujillo y su impacto en el éxodo de la mujer dominicana a Puerto Rico. Estaremos explicando algunas causas de este éxodo, para entender claramente la lucha de la mujer por integrarse al campo profesional en el periodo del 1961 al 1975. Para hacer esta revisión utilizamos varias fuentes primarias y secundarias, así como historia oral que nos ayudó a recuperar las vivencias de muchas emigrantes dominicanas que se establecieron en el área oeste de Mayagüez.[144]

Algunas de las causas de la emigración son las situaciones económicas, sociales y políticas de los países de origen. Otras causas pueden ser la falta de empleo, guerras o conflictos políticos, falta de vivienda, familiar, entre otras. Según nos plantea Jaime Benítez, uno de los problemas urgentes que tiene el ser humano es la inquietud que provoca la migración, ya que lleva al individuo a una lucha constante para integrarse al mundo y a la sociedad en que se desarrolla porque presenta el problema a poderse capacitar y educar en diferentes áreas de su vida.[145]

En el caso de República Dominicana, una de las causas parece estribar en los vínculos existentes con los Estados Unidos de América, creados principalmente con la invasión que ocurrió en 1965. Esta invasión pretendió evitar un levantamiento popular contra los golpistas simpatizantes con los Estados Unidos, pero también reforzó los lazos políticos y económicos, los personales y familiares, entre ambos países, dado a

---

[144] Sobre la historia oral véase a Pilar Folguera, *Cómo se hace la historia oral*, Euderma, España, 1994, pp. 73-82.
[145] Ibíd., p. 14.

que entrarían muchos políticos de clase media que habían estado en Puerto Rico y Estados Unidos formando un puente entre el país de emigración y el de inmigración.[146]

Según expone Jorge Duany en su libro *Nations on the move*, que, los primeros síntomas de la convivencia que experimentó la inmigración dominicana son: la hostilidad, el prejuicio y el rechazo de aquellos que cruzan las fronteras nacionales para compartir un mismo territorio. Más adelante estaremos planteando la problemática de la inmigración dominicana a partir del 1961. Podemos notar que para el 1960, según señala Duany, la emigración dominicana no había tomado proporciones numéricas importantes, sin embargo, a lo largo de los años setenta hay un repique en la salida de los dominicanos hacia Estados Unidos.[147]

Enfatiza Duany, que existe una inconsistencia de la literatura sobre la emigración dominicana. Por ejemplo, en los estudios de los 1960 y cerca de los 70 encontramos que la mayor parte de los emigrantes dominicanos no eran campesinos empobrecidos, sino que tienden a ser trabajadores urbanos que han estado empleados en el momento de emigrar a los Estados Unidos. Además, tienen un alto grado de escolaridad y la gran mayoría de las personas tienen algún tipo de preparación académica.[148] Este es precisamente uno de los puntos que queremos comprobar sobre los dominicanos en Puerto Rico. Además, no se debe olvidar que la comunidad dominicana es heterogénea, es decir, que incluso hay un sector importante que tiene trabajos profesionales. Según los datos del Censo del 1970, en Puerto Rico el 15% de los dominicanos eran profesionales: médicos,

---

[146] Ramón García Pelayo, *Diccionario Ilustrado*, Ediciones Larousse, Buenos Aires, 1976, p. 581.
[147] Jorge Duany, *Notion on the move. The construction of cultural identities in Puerto Rico and the diaspora*, Vol 27, Núm. 1, febrero 2000, pp. 5-30.
[148] Ibíd., p. 14.

abogados, ingenieros, etc. Es decir que tenemos un grupo mixto, muy poco homogéneo en términos ocupacionales.[149]

En el caso de las mujeres dominicanas, estas emigraban por la situación política y económica que vivía su nación, producto de las malas administraciones de bienes y servicios gubernamentales. Estas emigraciones representaban para la mujer dominicana un riesgo y gran sacrificio. Muchas veces con su valentía y acostumbradas a pasar adversidades, soportaban el hacinamiento y sus males, soportando naufragios de amigos y familiares que irremediablemente trae consigo una emigración espontánea y a veces forzosas y aun así seguían hacia adelante. Sin embargo, necesitan generar con esfuerzo su lucha para seguir hacia adelante. En el estudio investigativo de Jaime Benítez, este presenta el esfuerzo y tesón de la mujer dominicana para lograr sus metas trazadas en el país receptor.[150]

Por otro lado, Duany expone que la mujer dominicana encontró realmente autonomía para prepararse en la sociedad puertorriqueña a pesar de unas condiciones de inestabilidad política y económica en los años 60. Esta autonomía en un alto por ciento de las mujeres que emigraron a Puerto Rico tuvo lugar por su interés en ocupar posiciones profesionales para las cuales debía preparase.[151]

La mujer dominicana, realmente se libera de ataduras en su condición de emigrante, alcanzando un desarrollo social, cultural y obteniendo un grado académico en el país receptor. La situación económica hizo posible ese deseo que tenía de educarse. Hay que añadir que existió un factor de mucha importancia en este progresar. Este fue la cantidad de ayudas recibidas en Puerto Rico de las instituciones cívicas, sociales, religiosas y sin fines de lucros. Como resultado, su expansión en el mundo globalizado le ayudó a dejar de ser y sentirse como

---

[149] Gabriela Malgesini, *Extranjeros...*, pp. 54-55.
[150] Jaime Benítez, "Discurso...", p. 10.
[151] Duany, *Notion on the move...*, pp. 5-30.

una simple emigrante, visualizándose como mujer empresaria y jefa de familia.

Estas mujeres emigraban por las circunstancias antes mencionadas, refiriéndose a la situación política y económica que vive su nación lo cual consideramos un mal social de la mala administración de bienes y servicios gubernamentales, con su valentía y acostumbrada adversidad. Jaime Benítez nos narra cómo estas personas lucharon constantemente para integrarse al mundo, "especialmente en la sociedad en que se desarrollan y luchan por capacitarse en programas de diferentes áreas de su vida incluyendo la educación".[152]

Podemos entonces plantearnos que la mujer se educa en una sociedad todavía inestable, se reordena y trata de integrarse y nota que no es aceptada por una sociedad que la juzga por su condición social de emigrante. Otra atenuante es la democratización del lujo, niveles de aspiraciones y, aún más, si vive un tanto metafísico para cobrar una nueva conciencia del mundo. Estas emigrantes no son más que personas sin preparación académica, seres humanos y personas que van humildemente en busca de empleo y superación.

No sucede esto con la llegada de la exiliada, que viene forzosamente por problemas políticos de su nación, se traduce en un amparo político que proveen las embajadas o consulados en diferentes países. En su función estas instituciones diplomáticas les proveen protección. Ese es el caso de República Dominicana durante la dictadura de Rafael Leónidas Trujillo Molina. El asilo político se practicaba desde el siglo XIX, pero las naciones americanas definieron su cobertura jurídica en dos convenciones celebradas en la Habana (1928) y Montevideo (1933). En la República Dominicana para muchos disidentes las embajadas fueron el puente para salir con vida durante la dictadura.[153] Sobre el panorama histórico de la emigración dominicana a

---

[152] Jaime Benítez, "Discurso…", pp.582-583.
[153] Myrna Herrera Mora, *Mujeres Dominicanas…*, pp. 98-99.

Puerto Rico, Fernando Pérez Menen expone que Santo Domingo es una nación de emigrantes que él le llama "huéspedes de huéspedes". Durante los siglos XVI al XVIII varias familias canarias llegaron a Santo Domingo por la crisis demográfica que padecían en esas islas. Esta diáspora creció grandemente. El éxodo después del siglo XVIII y primera década del siglo XIX se dieron no a la miseria general, como las anteriores centurias, sino a tremendo movimiento social y político que provocó la Revolución Francesa y sus consecuencias. Es decir, para nuestro entender, la sesión de la colonia a Francia con el Tratado de Basilea (1795).[154]

Regresando al siglo XX, en su estado migratorio hubo mujeres que desafiaron la marginación y represión, además combatieron el régimen desde su comienzo. Este desafío tuvo expresiones de mayor trascendencia en la década de 1940 cuando Trujillo hizo acercamientos a líderes de antiguos partidos opositores y a los comunistas en el exilio en Cuba y permitió la participación oficial en campañas electorales en el país, en lo que se conoce como el periodo de la tolerancia 1945-1947. Trujillo trató de dar la impresión que su régimen iba hacia la democracia e invitaba a los demás partidos políticos a integrarse a las actividades políticas para participar en las elecciones. Gran parte de las actividades de las mujeres antitrujillistas se realizaron en el clandestinaje, razón por la cual algunos documentos históricos no incluyen la participación femenina en la Historia Oficial de la República Dominicana. Sin embargo, los documentos, cartas y periódicos lo confirman.[155]

Algunas de estas mujeres sobreviven y narran sus vivencias resistiendo al dictador Rafael Leónidas Trujillo. A Trujillo y sus secuaces les fascinaba inventar el desliz o desgracia de cualquier persona, le complacía humillar, destituir y ridiculizar a sus adversarios, igual que a sus camaradas principalmente cuando

---

[154] Ibíd., p.100.
[155] Ibíd., p.102.

estos ostentaban prestigios sociales y económicos, se cometían los más horrendos crímenes contra la gente y se mancillaban hasta la saciedad, la dignidad y el decoro de numerosas familias dominicanas.

El culto a Trujillo exigía que se le llamara *Benefactor de la Patria*. Su régimen lo llevó a ser presidente en cuatro ocasiones. Durante su mandato era sumamente difícil salir del país, muy costoso obtener un pasaporte y un permiso de salida, debido al estricto control de la emigración por parte del gobierno. Podemos inferir que en aquel momento se enfatizaba que los dominicanos no salían a mendigar un pan fuera del país, que si querían progresar debían trabajar y echar hacia adelante con los recursos disponibles que contaba su nación. Para Trujillo, ese orgullo lo hacía más patriota y menos dependiente de otras naciones.[156]

El general Trujillo se encontró con dos grandes luchadoras antitrujillista. Una de estas mujeres lo fue Evangelina Rodríguez, quien realizó importantes contribuciones a la salud. Evangelina Rodríguez era una ferviente antiimperialista que promovía una conciencia nacionalista a través de sus disertaciones públicas.[157] De igual manera apareció en el escenario Ercilia Pepín, destacada feminista y extraordinaria educadora que se opuso tenazmente a la entrada de los norteamericanos a la República Dominicana en el 1916. [158] Con la integración de Rafael Leónidas, en 1918, al Ejército Nacional, Ercilia Pepín presentó una campaña donde demostró que Trujillo no respetaba condición social o género, desde ese entonces las feministas fueron sacudidas por el terror e incertidumbre que imperó en República Dominicana.

---

[156] Ibid., pp. 70-72.
[157] Evangelina Rodríguez fue la primera mujer en realizar estudios en Medicina en la República Dominicana. Ejerció en diversas áreas: pediatría, ginecología y obstetricia.
[158] Ercilia Pepín fue una prestigiosa educadora dominicana. Realizó grandes aportaciones a la educación en la Republica Dominicana.

El encarcelamiento, torturas y muertes fueron la orden del día. Las mujeres perdieron sus hombres y al estar solas ejercieron el oficio de jefa del hogar, soportando humillación para complacer los caprichos amorosos de Trujillo y sus secuaces. Tomando en consideración los aportes importantes del pensamiento feminista, supuestamente sus estudios no han sido amplios, desde los últimos años de la década de los 1970. Especialistas en los estudios de género han elaborado un cuerpo amplio e importante en el cual documentan y analizan las vidas y aportaciones de las mujeres a la sociedad y a sus derechos, un tema considerado privado y personal. Diariamente se reporta a la prensa nacional sobre violencia entre familia y aborto mientras que su participación en la política y el gobierno del país es mínima.

El pensamiento y la actividad feminista no nacieron en las últimas cuatro décadas del siglo XX.[159] Las mujeres dominicanas han estado promoviendo el derecho de la mujer desde finales del siglo XIX, el mismo es un proceso evolutivo en la sociedad que va dirigido al bienestar de las mismas.

Los años de 1970 fueron conocidos como la época de las dictaduras militares en Latinoamérica en los cuales miles de personas fueron obligadas a desplazarse hacia otros países. En el caso de la República Dominicana el régimen de Trujillo trajo como consecuencia la emigración forzada por los problemas políticos y sociales que vivía la Nación.[160]

Margesini, en su libro *Extranjero en el Paraíso*, indica que la emigración lo que ocasionó fue desconfianza e incomprensión y por supuesto, explotación, ya que se buscaba un paraíso que nunca existió.

Otras de las razones del crecimiento emigratorio dominicano hacia los Estados Unidos de América, en el periodo del 1955 -1959, fue la inconformidad política que trajo el régimen de Trujillo. La misma continuó en la eventualidad. Entre el 1965

---

[159] Ginette E. Candelario, *Miradas...*, p. 45.
[160] Ibíd., p. 43.

y 1969, los emigrantes estaban entre las 45,000 a 58,000 personas. Esto denotaba unos fuertes vínculos con los Estados Unidos.[161]

Debemos señalar que el periódico *El Mundo* del 10 de abril de 1961 reportaba que hasta 6000 emigrantes dominicanos pernoctaban por las calles de Mayagüez; muchos de ellos llegaron como polizontes.[162]

Celeste Benítez[163], en diversos escenarios nos narra que la vida de las mujeres que han hecho grandes contribuciones a los pueblos debe quedar plasmada en su historia como también en la lucha que han tenido que librar para alcanzar la equidad en los derechos humanos. Este es el caso de la mujer dominicana en su lucha por alcanzar una educación digna de representación en el país de origen. Un ejemplo de ellas es María Libertad Gómez (1888-1961) que se destacó como feminista, educadora, política y que fue la única mujer dominicana entre los 94 representantes electos como miembro de la Asamblea Constituyente convocada para elaborar la Constitución del Estado Libre Asociado de Puerto Rico. Además, tenemos a Luisa Capetillo que defendió los derechos de los obreros y precursora del Movimiento Obrero de Puerto Rico para principios del siglo XX. También tenemos a Ana Roque de Duprey, educadora y líder del movimiento sufragista y los derechos de la mujer en Puerto Rico. Estas fueron mujeres que se destacaron, entre otras, por sus grandes contribuciones al desarrollo social, cultural y político del pueblo puertorriqueño durante el siglo XX. Ellas logran ser exitosas y alcanzaron posiciones de poder cuando era imposible destacarse por estar limitada con respecto a los hombres.

Durante la segunda mitad del siglo XX otras mujeres continuaban su lucha, una de ellas fue Celeste Benítez, siendo una

---

[161] Ibíd., p. 55.
[162] Periódico *El Mundo*, Centro de investigaciones de la biblioteca José M Lázaro de la Universidad de Puerto Rico, 10 de abril de 1961, San Juan Puerto Rico, p. 2.
[163] Celeste Benítez es una destacada educadora puertorriqueña.

mujer polifacética que se desempeñó como educadora, periodista y política que retó paradigmas y logró destacarse en dimensiones antes reservadas para hombres. La dominicana, Aida Luz de la Rosa Abreu, nos dice que la lucha por la equidad revela que, a pesar de los avances de la mujer, aún existen barreras invisibles en su ascenso a posiciones de alto poder.

Según José Luis Gómez Martínez[164], ensayista natural de Soria, España, que nació en 1943 y es profesor en la Universidad de Georgia:

> ...la mujer al igual que el hombre, es obrera de la vida, pero desempeña ese justo ministerio; ella, como él, está dotada de las facultades creadoras que completan la formación física del hombre –bestia para la formación moral del hombre-Dios, nosotros violamos esa ley, cuando reduciendo le arrebatamos el derecho de cooperar, acatamos la moral de los sexos.[165]

Según la tesis doctoral de la Dra. Aida Luz De La Rosa Abreu, publicada en el sistema de biblioteca de la Universidad de Puerto Rico en mayo del 2002, se enfatiza que los dominicanos que comenzaron a emigrar a Puerto Rico desde 1961 consideraban al general Rafael Leónidas Trujillo Molina como uno de los mandatarios más tiranos del mundo.

Según nos manifiesta Duany[166] desde la década de 1970 los emigrantes dominicanos han tratado de lograr un nivel de vida superior. En especial, la mujer dominicana emigrante de clase trabajadora tuvo que ejercer las tareas que los nativos puertorriqueños no quieren ejercer. De esta forma a través de las relaciones que desarrollan en el trabajo comienzan a establecerse lazos afectivos a nivel social con los puertorriqueños. Hernández Argueira argumenta que:

---

[164] José Luis Gómez Martínez. http://www.ensayistas.org/antologia/.
[165] Aida Luz de la Rosa, *La identidad cultural de la mujer dominicana en Puerto Rico*, Biblioteca UPR M. Lázaro, mayo 2002, pp. 50-55.
[166] Jorge Duany, *Los dominicanos...*, pp. 49-50.

Las emigrantes dominicanas se identifican con su trabajo no solo le permite acumular ingresos y llevarlos a su comunidad de origen, sino, también establecen lazos sociales, satisface necesidades y demandas creadas en la sociedad receptora. También podemos observar que la sociedad puertorriqueña llenaba unas necesidades con las mujeres dominicanas que ejercieron como amas de llaves en su hogar. Estas actuaciones están creciendo como bloque, porque al jurar bandera y convertirse en ciudadana estadounidense residente en Puerto Rico tienen derecho a votar en las elecciones y en consultas políticas efectuadas en este territorio.[167]

Acciones antitrujillistas en Puerto Rico

Las primeras acciones antitrujillistas que ocurrieron en Puerto Rico son de 1930. A pesar de que era un reducido número de personas (no pasaban de 20), esto no fue obstáculo para que ellos demostraran su intención de derrocar la dictadura de Trujillo. La primera reunión fue en Ponce. Los dos primeros líderes fueron Ricardo Alfonseca y José Velázquez, ambos fallecieron en Estados Unidos para 1934. Otros líderes fueron Juan Emilio Jiménez Grullón y Juan Bosch, los cuales formaron el Partido Revolucionario Dominicano. Su primera iniciativa fue el buscar apoyo en otros países del continente.[168]

Entre las mujeres exiliadas que ayudaron y organizaron acciones antitrujillistas estaban Carolina Mainardi Reyna, Carmen Natalia Martínez Bonilla y Maricusa Ornes Coiscou. Ellas se esforzaron con valentía, defendiendo a los marginados y desposeídos. Encarnando ellas mismas los perfiles de una generación históricamente involucrada en el enfrentamiento a trujillanos, contribuyendo a la movilidad social desde los predios del feminismo y al desarrollo cultural de su país con el legado de su arte poético y teatral, en el exilio dominicano, en

---

[167] Aida Luz Díaz, *Benítez en diversos escenarios Recinto Río Piedras UPR. Trasfondo*, Biblioteca M Lázaro UPR, diciembre 2013, p. 53.
[168] Jorge Duany, "Emigración dominicana en Puerto Rico", *Revista Educativa Dominicana*, vol.13 núm. 1 1989. p. 90.

esta lucha de inestabilidad en la República Dominicana y en la inconformidad de la gente con un régimen dictatorial y una emigración forzada, que de una u otra forma, querían enderezar los caminos de su país.[169]

Las mujeres exiliadas siguieron su lucha hasta la postrimería del régimen en 1961. Su decisión de salir de la República Dominica fue la represión y la persecución a la que fueron sometidas. Entre esas memorias de los exiliados/as que aluden al exilio en Puerto Rico se encuentran: Nicolás Silfa, Ángel Miolan, Luis Mejías, César Romero, Tulio Arvelo y Félix García Carrasco. Todas estas personas formaron parte de la oleada de exiliados que estuvieron en contra del régimen de Trujillo.[170]

Nos damos cuenta cuando estudiamos desde esa perspectiva androcéntrica que no le damos la importancia a las mujeres en la lucha antitrujillista. Sin embargo, esas mujeres se organizaron en un fuerte frente que lucha y combate la dictadura desde el exilio, con todos sus riesgos y consecuencias incluyendo la muerte. Esta, podemos decir, que fue una emigración forzosa, con un sinnúmero de implicaciones políticas, sociales, económicas y culturales con sus protagonistas y allegados.

La obra llamada *"Vivencias"* de la autora Carolina Mainardi Reyna establece un precedente, con memorias femeninas y a la vez, es la única que describe ampliamente el exilio dominicano en Puerto Rico. Junto a Carolina Mainardi Reyna se destacan Carmen Natalia Martínez y Maricusa Ornes Coiscou, con otras obras teatrales que criticaban el régimen dictatorial. También en las memorias de Maricusa Ornes se encuentran las actividades que realizó con otros líderes de la sociedad puertorriqueña.

[169] Myrna Herrera Mora, *Mujeres Dominicanas...*, pp. 98-99.
[170] Ibíd., p.100.

Entre ellos, Luis Muñoz Marín, Ricardo Alegría, Rafael Hernández Colón.[171]

Después del regreso del exilio de Juan Bosch ocurrieron unos acontecimientos importantes en República Dominicana. Entre ellos podemos mencionar el Movimiento Revolucionario Dominicano que fue un partido formado por el profesor Bosch lo cual puso en movimiento a sus miembros en las elecciones del 1963 siendo electo Presidente de la República Dominicana. Este movimiento no tuvo éxito ya que su tendencia era más comunista que socialista. Su lucha continuó hasta que se dio cuenta que el pueblo dominicano era muy conservador en las decisiones políticas y no estaba preparado para otra forma de gobierno que no fuera la democracia.[172]

Otro acontecimiento que ocurrió fue la intervención de Estados Unidos en Santo Domingo, lo cual provocó un escenario de confusión donde no se podía definir el poder de los bandos en pugna. Los infantes de marina desembarcaron en el Puerto de Haina, a pocos kilómetros del oeste de la capital dominicana, es decir, en dirección opuesta al emplazamiento de la base aérea de San Isidro que es una base militar dominicana. Este acontecimiento representa algo verdaderamente insólito en las relaciones de los Estados Unidos con sus vecinos del sur.[173]

Desde que los soldados estadounidenses abandonaron Nicaragua en 1933, no se había producido ninguna intervención de Estados Unidos en Hispanoamérica. En esta intervención que ocurrió en Santo Domingo, los buques de guerra se acercaban a la vista de la ciudad, poderosos aviones a granel cruzaban el cielo dominicano, tanques verdaderamente impresionantes. Estos estadounidenses se ganaron la confianza de los izquierdistas

[171] Maricusa Ornes, "El Teatro Infantil en Puerto Rico", *Revista del Instituto de Cultura Puertorriqueño*, Julio- diciembre 1961. pp. 12-13.

[172] Juan Bosch, *Elecciones...*, p. 15.

[173] Marcelino Zapico, *Revolución...*, p. 18.

del mundo entero. La fuerza interamericana de paz hizo su entrada el 6 de mayo del 1965. El grupo del ejército de la OEA confraternizaban con tropas de San Isidro. Luego surgió un gobierno de reconstrucción nacional con una junta Cívico-Militar que actuó con fuerza. Su acción provocó la rebelión de los constitucionalistas, los cuales libraron los más duros combates en la parte norte de la ciudad. Podemos dejar claro que esta revolución no fue una perturbación superficial de la vida pública ni un nuevo conflicto entre personas o formas de gobiernos.[174] Para nosotros fue una lucha diplomática y propagandista ante los organismos internacionales y ante los gobiernos extranjeros y la opinión mundial.

La lucha de la mujer dominicana en Puerto Rico

La mujer dominicana llegó a ser una pieza importante en el mercado del trabajo en Puerto Rico. Esto quiere decir que, a pesar de que su preparación académica al llegar no era la más adecuada, se esforzaba por trabajar como empleada doméstica y otros oficios. Además, que fue una ficha importante en el proceso de reproducción capital. En nuestras investigaciones encontramos que, a partir del año 1961, en el área de Mayagüez estas se prepararon para entrar en el mundo laboral puertorriqueño y establecer un precedente sobre sus aportaciones en el campo profesional en el país receptor.

Sobre la literatura al respecto, esta presenta lagunas que son necesario llenar. Existe la percepción que la mujer emigrante dominicana estuvo limitada en los oficios y profesiones donde se desarrolló. Es por ello por lo que trataremos de identificar las carreras que de manera general se han obviado.

Desde ese punto de vista, Gabriela Malgesini nos plantea que se deben dejar a un lado las viejas estrategias donde se trata a la mujer como un ser débil y sin ideas que necesita que la lleven

---

[174] Marcelino Zapico, *Revoluciones...*, pp. 62-63.

de la mano para su progreso. En cambio, debemos aprender a respetarlas como seres humanos capaces de prepararse y tomar decisiones. Esto nos llevaría a poder escucharlas e intercambiar ideas que nos beneficien a todos. Es en ese momento que habremos dado un paso importante a su favor.[175]

La problemática de las personas ilegales según el Dr. Federico Mathew, Exrector del Recinto de San Germán de la Universidad Interamericana, es que algunos individuos u organizaciones se aprovechan de su situación para pagarle salario de hambre y someterlos a condiciones inadecuadas de trabajo, esto lleva a que sus sueños se convierten en pesadilla.

> La Emigración sirve para ayudar a dar impulso inicial que necesita el desarrollo económico, ya que alivia la presión poblacional y no es menos cierto que la emigración representa un rompimiento con las costumbres, valores, tradiciones y normas culturales. En muchos casos envuelve la separación de esposas e hijos. Aunque se hace a veces en contra de los deseos de familiares y amigos.[176]

Según Jorge Duany y César Rey, quienes estudian a las dominicanas indocumentadas residentes en Santurce, se destaca la dificultad de estas para integrarse a la cultura puertorriqueña por su color, clase social y nacionalidad. En fin, ellas presentan un problema de adaptación en el medio social de Puerto Rico.

Según Ramona Hernández, Catedrática de la Universidad de New York[177], el 38% de los hogares dominicanos en esa ciudad están encabezados por mujeres. No ha de extrañarnos que estos datos motivaran a la creación del Centro de Desarrollo de la Mujer Dominicana, la misma se ha expandido a Puerto Rico, especialmente en Santurce donde viven una de las comunidades más grande de dominicanos.

---

[175] Gabriela Malgesini, *Extranjeros...*, p. 24.
[176] Federico Mathew. *Rector del Recinto de San Germán de la Universidad Interamericana Puerto Rico. 1990. p.2*
[177] Ramona Hernández fue catedrática de la Universidad de New York.

Entre las aportaciones del Centro está el reunirse con estas mujeres y tratar de orientarlas en cómo conseguir ayudas para sus necesidades básicas y los requisitos necesarios para ir a las diferentes instituciones en Puerto Rico. También se orientaban en cuanto a los programas de ayuda a las víctimas de maltrato y violencia. Esta oficina de orientación a la mujer dominicana se encuentra ubicada en la calle los Mirtos en Río Piedras. Su colaboradora social lo es Romelinda García, directora del Centro de Ayuda a la Mujer Víctima de Violencia Doméstica en Puerto Rico. Como recurso, este Centro sirve para encontrar ayuda psicológica y social.[178] Por otro lado, igualmente encontramos a la alcaldesa de San Juan Carmen Yulín que anuncia la Casa Dominicana en San Juan con una inversión de $ 2,365,000. El proyecto se lleva a cabo mediante la rehabilitación en la antigua escuela José Gautier Benítez en Santurce. Esta obra es dedicada a la comunidad dominicana. Este centro se dedica a prestar ayuda a la mujer dominicana en situaciones de violencia doméstica y agresión social. Cuenta con un equipo de personas profesionales, entre ellos trabajadores sociales, asesor legal, servicios psicológicos y clases remediativas para mujeres dominicanas de escasos recursos. Se encuentra situado en la calle Julián Blanco # 11 en la Urbanización Santa Rita, Río Piedras, Puerto Rico. Con su horario regular de 8:00am a 5:00pm.

Esta actitud de superación y lucha queda plasmada en el himno nacional que declara lo siguiente:

Más Quisqueya la indómita y brava
Siempre altiva la frente alzará
Que si fuere mil veces esclava
Otras tantas ser libre sabrá.[179]

---

[178] Romelinda García es la coordinadora social de la casa dominicana en Río Piedras. Entrevista efectuada el 10 de abril de 2011. Río Piedras Puerto Rico.

[179] Ibíd.www.jmarcano.com. Marzo 10, 2015. Fragmento del Himno Nacional Dominicano escrito por el poeta Emilio Prud' Homme.

Primera foto (arriba): Gladys William, estudiante de Secretarial. Segunda foto (abajo): Aura Lizardo, estudiante de Curso Bíblico. Ambas obtenidas del Anuario de la Universidad Adventista de las Antillas, 1962.

LA MUJER DOMINICANA EN PUERTO RICO HASTA 1975

En este capítulo presentaremos algunos datos significativos sobre las mujeres antitrujillistas que llegaron a Puerto Rico y sus profesiones desde 1950 hasta 1961. Además, recopilamos otros datos de los anuarios de la Universidad de las Antillas en Mayagüez, sobre mujeres dominicanas que se prepararon profesionalmente en Puerto Rico desde 1961 hasta 1975. Finalmente, presentaremos algunos casos específicos recopilados a través de entrevistas orales sobre mujeres dominicanas y sus luchas para integrarse al campo laboral en Puerto Rico en el periodo de 1961 a 1975.

La autora Myrna Herrera señala que "el martirio que provocó salir de la República Dominicana fue la persecución y represión a que fueron sometidas las mujeres anti trujillistas por el rechazo al régimen político".[180] El régimen no solo perseguía a las mujeres anti trujillistas sino también a los esposos, padres y demás familiares.

Durante las tres décadas de la presidencia de Rafael Trujillo, 1930-1961, los países latinoamericanos y del Caribe, especialmente Puerto Rico, recibieron a cientos de inmigrantes constantemente. La llegada de las dominicanas era legal. Sin embargo, en los últimos años mucha de las inmigraciones a Puerto Rico no ha sido conforme a la ley. Las fuentes documentales señalan que "eran de carácter ilegal y extracción popular".[181]

Algunos emigrantes buscaban dirigirse a los Estados Unidos, donde le esperaban muchas barreras que enfrentar, como ser deportados, el idioma inglés y el clima. Sin embargo, Puerto Rico

---

[180] Myrna Herrera Mora, *Mujeres Dominicanas...*, p. 97.
[181]. Arturo Morales Carrión. "Los Emigrantes Indocumentados", *Revista –Ciscla*, San Germán, Puerto Rico, 1989, p. 56.

jugó un rol importante como receptor de inmigrantes, en particular de República Dominicana por varias razones; entre ellas que la composición étnica de ambos países es semejante y la cercanía entre ambos países.

En las primeras dos décadas del gobierno dictatorial de Trujillo, un nutrido grupo de mujeres antitrujillistas se vieron forzadas a emigrar por persecución del régimen. Algunas de esas mujeres estaban en su último año de universidad para graduarse, como médicos, ingenieros y abogadas. El gobierno, para obligarlas a permanecer en el país hacía uso de toda clase de tácticas; entre ellas el tener que inscribirse en el partido dominicano para ocupar puestos en el gobierno. Inclusive las que trabajaban en empresas privadas, tendían a ser despedidas por influencias políticas dirigidas a ese fin. Los familiares de las mujeres anti-trujillistas eran perseguidos. Además, las antitrujillistas si no accedían a las presiones del régimen eran juzgadas y llevadas a prisión.

En el 1950 la Organización de los Estados Americanos (OEA) intervino para que la República Dominicana declarara una amnistía para la salida de todas las mujeres antitrujillista.[182] Muchas de ellas terminaron en Venezuela, México y Puerto Rico. No hay duda que la intervención de la OEA dio frutos, cuando entre 1950 -1961 comenzaron las inmigraciones en masa de estas mujeres con el apoyo de Luis Muñoz Marín. De hecho, no todas las mujeres antitrujillistas salieron del país. Hubo opositores fuertes al régimen que quedaron en Santo Domingo por no dejar a sus familiares que eran comerciantes de clase media alta. Entre ellos estaban las hermanas Mirabal, una de ellas (Minerva) fue la más combatiente con sus seguidores que formaban parte de las células en diferentes provincias de la República Dominicana.

---

[182] Dede Mirabal, *Vivas en su Jardín*, Editorial Ventage, New York, 2009, p. 154.

En el caso de las hermanas Mirabal: Aída Patria Mercedes, María Argentina (Minerva), Antonia María Teresa, Bélgica Adela (DeDe)[183], todas sufrieron persecución acérrima. En el caso de María Argentina (Minerva), sus estudios de leyes fueron interrumpidos constantemente. Aun cuando se graduó de abogada en el 1957, todas sus calificaciones fueron excelentes y se le negaron todos los reconocimientos en la Universidad de Santo Domingo; además, el gobierno impidió que ejerciera su carrera.

Entre 1959 y 1961 la resistencia en contra del régimen se intensificó. La tortura a los opositores era más fuerte, los jóvenes eran torturados y los esposos encarcelados. Las mujeres antitrujillistas eran víctimas de opresión y sujetas a las más viles humillaciones, desde quitarle la ropa frente a sus esposos para que los militares y los calié [guardia secreta] las vieran y les hacían amputaciones de los dedos, entre otros.

El 14 de junio de 1960 surgió el movimiento de jóvenes revolucionarios llamados "panfleteros". La autora Dede Mirabal afirma que los "panfleteros" usaban la materia fecal para escribir en las paredes "Trujillo es una mierda", mientras que los exiliados antitrujillistas intensificaban sus esfuerzos en diferentes países.[184]

Por otro lado, la juventud bajo la dirección del padre Darío Cruz Inoa perteneciente a la Diócesis de Santiago, realizaron una marcha denunciando las torturas a niveles internacionales. Minerva Mirabal proyectaba ser confiada y decidida y sostenía que: "las mujeres tenían que estudiar, superarse y ocupar el sitio que le correspondía en la sociedad".[185] A continuación presentamos algunos datos estadísticos sobre las mujeres anti trujillistas que emigraron a Puerto Rico para los años 1950 a 1961 y las profesiones y organizaciones a la cual pertenecían.

---

[183] Ibíd., p. 41.
[184] Ibid.
[185] Myrna Herrera Mora, *Mujeres Dominicanas...*, p. 94.

Genoveva Gómez, estudiante de Secretarial,
Universidad Adventista de las Antillas, 1963.

Ligia Lizardo, estudiante del Programa Normal,
Universidad Adventista de las Antillas, 1963.

Tabla 1: Mujeres antitrujillistas que emigraron a Puerto Rico

Año	País	Nombre	Estado civil	Profesión	Organiza-ción	Pagi-nas
1950	Puerto Rico	Maricusa Ornes Cois-cou	Soltera	Leyes	Juventud Democrática	185
1950	Puerto Rico	Natalia Martínez	Soltera	Maestra	Juventud Democrática	181
1950	Puerto Rico	Isabel Martínez	Casada	Leyes	Juventud Democrática	181
1950	Puerto Rico	Julia Martínez	Casada	Maestra	Juventud Democrática	181
1950	Puerto Rico	María M. Rodríguez	Soltera	Líder JD	Juventud Democrática	196
1950	Vene-zuela	Brunilda Soñé	Soltera	No indica	Juventud Democrática	196
1950	Puerto Rico	Josefina Ducodray	Casada	Medicina	Juventud Democrática	196
1950	Puerto Rico	Yolanda Ducodray	Casada	Medicina	Juventud Democrática	196
1950	Puerto Rico	Ana María Ducodray	Soltera	Medicina	Juventud d Democrática	196
1952	Puerto Rico	Carmen Ortiz de Roque	Viuda	No indica	Juventud Democrática	201
1945	Puerto Rico	Silena Mendoza	Soltera	Líder JD	Juventud Democrática	205
1961	No in-dica	Lourdes Contreras	Soltera	coordina-dora JD	Juventud demócrata	205

El análisis de los datos que presentamos en la tabla anterior nos indica que, del total de doce mujeres emigrantes, siete eran solteras, cuatro casadas y una viuda. Un total de diez se exiliaron en Puerto Rico, una en Venezuela y una no lo indicó. En el 1941, mucho antes de la amnistía, una emigró a Puerto Rico por motivos de seguridad familiar. En el 1962 solo una emigró a Puerto Rico. Todos los inmigrantes eran miembros de la Organización Juventud Democrática. Las profesiones que estaban en proceso de culminar eran: dos en leyes, dos maestras, tres en medicina, tres eran líderes de la Juventud Democrática y una no se sabe.[186]

---

[186] Ibíd.

Los abogados antitrujillistas que defendían a personas contra los abusos políticos del gobierno, estaban cohibidos por la política de persecución de la dictadura. En el 1961, año en que el dictador fue asesinado hubo una emigración en masa. Podemos deducir que después de la muerte del dictador, por el ambiente que imperaba en la República Dominicana muchos aprovecharon para emigrar en busca de mejor bienestar de vida.

Por lo menos a dos de los inmigrantes, a un año de culminar sus estudios en leyes, sufrieron la intervención del gobierno para que no fueran matriculadas por estos negarse a inscribirse en el Partido Dominicano. A otra de las antitrujillistas tampoco le permitieron matricularse en el último año de medicina por no doblegarse y aceptar trabajar con el gobierno de Trujillo; una de las mujeres del año 1961 no indica si emigró ni a qué país.

Encontramos en nuestra investigación que no solo las mujeres antitrujillistas luchaban contra la persecución y tortura a las cuales eran sometidas, también sus familiares tenían el apoyo de la Juventud Democrática, sacerdotes católicos y otras denominaciones religiosas.

El asesinato del presidente de la República Dominicana en mayo del 1961 propició una masiva inmigración que tuvo un impacto significativo en el ámbito económico, social e intelectual. La plantilla de los intelectuales que formaban parte del gobierno dictatorial salió del país en busca de asilo político, dado a la inestabilidad política e imperante. Muchas familias de las que emigraron en busca de mejoras económicas eran profesionales, entre ellos: abogados, médicos e ingenieros, también llegaron estudiantes a las universidades extranjeras para profesionalizarse. En el caso de los que emigraron a Puerto Rico desde 1961 se ve una tendencia a luchar para lograr una preparación universitaria.

En investigaciones que se llevaron a cabo en la Universidad de las Antillas en Mayagüez, se recopiló información de los anuarios de mujeres dominicanas que se prepararon profesionalmente en la isla desde los años 1961-1975. La documentación de los anuarios nos permite estudiar con más certeza el número de mujeres dominicanas que lograron profesiones durante esos años. En las tablas que presentamos a continuación estaremos reseñando las mujeres dominicanas que se prepararon en el campo profesional en la Universidad de las Antillas desde el 1961 hasta el 1975.

Tabla 2: 1961

Nombre	Grado obtenido	Estado civil	GA	BA
Elena Luna	Secretarial	Soltera	x	
Marina Esteves	Secretarial	Soltera	x	
Eunice Ramos	Secretarial	Soltera	x	
Neyris de Rodríguez	Secretarial	Casada	x	
Amanda Herrera	Secretarial	Soltera	x	
Gladys Tejeda	Secretarial	Soltera	x	
Carmen Troncoso	Secretarial	Soltera	x	
Luisa Genaro	Secretarial	Soltera	x	
Lourdes Polanco	Religión	Soltera		x

En el análisis de la tabla # 2 de inmigrantes en el 1961, se desprende que, de nueve mujeres, ocho lograron un grado asociado en secretarial y una un bachillerato en religión. Una sola aparece casada y las demás solteras. Todas estudiaron en la Universidad de las Antillas en Mayagüez. No se obtuvo información con relación a la edad, si se emplearon en Puerto Rico o emigraron a su país o Estados Unidos.

En 1962 el flujo inmigratorio de dominicanos hacia el exterior se intensificó hacia Estados Unidos y sobre todo a Puerto Rico. Pero las leyes y controles de emigración han hecho más difícil la entrada de dominicanos a Estados Unidos. Esos controles han hecho que se abrieran otras vías de los emigrantes a Europa en especial España. Debido a las condiciones sociales y económicas en ese periodo el número de emigrantes en la República Dominicana aumentó. En el caso de las mujeres que emigraron a Puerto Rico, la inmensa mayoría ingresaron a la universidad para obtener una preparación académica. En un análisis que hicimos de los anuarios de ese año encontramos datos relevantes de mujeres inmigrantes que buscaron, en los estudios universitarios, progresar.

Tabla 3: 1962

Nombre	Graduados	Estudiantes	Estado Civil
Gladys Williams	Asociado Secretarial		Soltera
Aura Lizardo	Asociado Bíblico		Soltera
Enilda Grullon		Ministra obrera ASC.	Soltera
Elizabeth Peña		ASC. Ministerial	Soltera
Dalinda González		ASC. Ministerial	Soltera
Belkis Lizardo		ASC. Ministerial	Soltera
Caridad Peña	Ministerial Graduada ASC.		soltera

Este año hubo siete estudiantes de las cuales tres se graduaron: una de secretarial, una de asociado ministerial y una de asociado bíblico. Los cuatro restantes estudiaron asociado ministerial. Todas eran solteras, una característica que predominó en esos años fueron los programas relacionados a la religión.

Los acontecimientos ocurridos en el 1963 crearon las condiciones para la segunda oleada de mujeres inmigrantes que buscaban seguridad, bienestar y prosperidad para sus vidas. Una coalición cívico-militar de corte conservador derrocó al entonces presidente electo Juan Bosch, por las ideas políticas que tenía de establecer un gobierno socialista en la República Dominicana. Esto dio paso a que un gran número de mujeres dominicanas, viendo la posibilidad de una nueva etapa de represión buscaran salir de su país. Algunas de ellas terminaron ingresando a las universidades puertorriqueñas donde se desarrollarían académicamente.

En el anuario de 1963 encontramos mujeres inmigrantes que obtuvieron preparación universitaria en diferentes profesiones desglosados en la siguiente tabla.

Tabla 4: 1963

Nombre	Grado Asociado	Bachillerato	Profesion	Estado Civil
Dulce Lemor		**	Enfermera	Soltera
Leslie O. De Robert	Secretaria	**	Secretaria	Casada
Yolanda de la Rosa	Secretaria			Soltera
Genoveva Gómez			Secretaria	Soltera
Ligia Lizardo	Educ Elemental secretaria	**		Soltera
Novena Zalazar	Religión	**	Consejera bíblica	Soltera

En el análisis, de un total de seis mujeres inmigrantes, tres obtuvieron un grado asociado en secretarial y cuatro un bachillerato: una en enfermería, dos secretarial y una en consejería bíblica. Cinco de ellas eran solteras y una casada. No se obtuvo datos sobre la edad y si luego de terminar sus estudios regresaron a República Dominicana o se quedaron en Puerto Rico.

En el anuario de 1964 encontramos que hubo estudiantes en diferentes facultades que desglosamos en la siguiente tabla.

Tabla 5: 1964

Nombre	Facultad	Años	Estado civil
Angélica Pérez	Biología	1er año	Soltera
Luz Pérez	Ciencias	1er año	Soltera
Luz de Armas	Biología	1er año	Soltera
Josefina Lorenzo	Biología	2do año	Soltera
Norma González	Educación Secundaria Matemáticas	1er año	Soltera
Caridad Dinzey	Educación Primaria	1er año	Soltera
Esperanza Hidalgo	Educación Primaria	1er año	Soltera
Felixa Soriano	Secretarial	1er año	Soltera

Josefina Lorenzo, estudiante de Biología,
Universidad Adventista de las Antillas, 1964.

Un total de ocho mujeres lograron ingresar en diferentes facultades de la Universidad de las Antillas en Mayagüez. Cuatro en Biología, dos en primer año, una en segundo año y una no establecía el grado. Otra estaba en primer año en Ciencia. En el programa de Matemáticas había una en primer año. En el programa de Educación Primaria había dos en primer año.

En el 1965 se suscitó otro evento en República Dominicana, cuando, la guerra civil y la ocupación norteamericana de los "Marines" para poner fin a la violencia política abren un ciclo de relativa prosperidad. La inmigración para ese año fue masiva tanto para Puerto Rico como para Estados Unidos. Algunas de las mujeres dominicanas que inmigraron a Puerto Rico completaron estudios universitarios en una serie de programas que desglosamos a continuación.

Tabla 6: 1965

Nombre	Graduados	Concentración	Estado civil
Cándida Villalona	Asociado	Secretarial	Soltera
Miriam PHI	Bachillerato	Educación Primaria	Soltera
Gloria Mercado	Asociado	Educación Primaria	Soltera
Doris R de Gómez	Asociado	Secretarial	Casada
Addis B. de Williams	Asociado	Secretarial	Casada

Un total de cinco mujeres dominicanas emigradas se graduaron durante este año: tres en un asociado en secretarial, una en bachillerato en educación primaria, una de un grado asociado en educación primaria. Tres eran solteras y dos casadas.

En 1966 las mujeres inmigrantes dominicanas lograron graduarse en diferentes profesiones. Los estudios realizados en el anuario de ese año nos muestran que un total de cinco mujeres lograron graduarse.

Tabla 7: 1966

Nombre	Grado Obtenido	Especialidad	Estado civil
Marina Zalazar	Bachillerato	Obrera bíblica	Soltera
Ester Davis	Bachillerato	Tecnología y español	Soltera
Sara Villalona	Bachillerato	Educación primaria	Soltera
Patria G. de Rodríguez	Bachillerato	Administración Comercio	Casada
Gladys Williams	Bachillerato	Secretarial	Soltera

De los datos obtenidos en 1966: un total de cinco mujeres lograron terminar un bachillerato en diferentes áreas: una en obrera bíblica, una en tecnología y español, una en educación primaria, una en administración comercial y una en secretarial. Cuatro eran solteras y una casada. No se encontró información si ellas se quedaron en Puerto Rico o si regresaron a la República Dominicana.

El 1967 fue de gran productividad académica para las mujeres dominicanas emigrantes. Muchas jóvenes iniciaron estudios universitarios en carreras en educación primaria, secretarial, biología y enfermería en la Universidad de las Antillas.

Norma González, estudiante de Educación Secundaria con especialidad en Matemáticas, Universidad Adventista de las Antillas, 1964.

Tabla 8: 1967

Nombre	Profesiones	Grado obtenido	Estado civil
Ruth García	Secretarial	Estudiante	Soltera
Sara García	Secretarial	Estudiante	Soltera
Claire Gómez	Secretarial	Estudiante	Soltera
Nuris González	Secretarial	Estudiante	Soltera
Olivia Aracena	Secre. Adm. Com.	Estudiante	Soltera
Teolinda Carty	Secretarial	Estudiante	Soltera
Mercedes Deschamps	Secretarial	Estudiante	Soltera
Carmen García	Secretarial	Estudiante	Soltera
Claribel Olivero	Secretarial	Secretaria BA	Soltera
Esperanza Hidalgo	Educación Primaria	Estudiante 1er año	Soltera
Josefina Lorenzo	Biología 1er año	Estudiante	Soltera
Milca Cordero	Enfermería	Estudiante	Soltera
Celeste Ruíz	Biología	Estudiante 3er año	Soltera
Amanda Lorenzo	Secretarial	Estudiante	Soltera

De un total de catorce dominicanas: nueve de ellas iniciaron estudios universitarios en secretarial, una se graduó de un bachillerato en secretarial, una en biología, una en enfermería y una en educación primaria. Todas las inmigrantes que estudiaban en ese año eran solteras, por lo que inferimos que había un gran interés de las mujeres dominicanas por lograr una profesión para entrar en el mundo laboral antes de establecerse en matrimonio. Lo que no sabemos es si permanecieron en la isla desempeñándose como profesionales o regresaron a su país.

En 1968 las dominicanas que emigraron a la isla continuaron los esfuerzos para lograr una preparación universitaria. Algunas hicieron ingreso en secretarial, matemáticas, educación primaria y secundaria y biología.

Tabla 9: 1968

Nombre	Estudios	Nivel ó año	Estado civil
Delicia Pérez	Secretarial	1er año	Soltera
Norma González	Educación Secundaria Matemática	1er año	Soltera
Caridad Dinsey	Educación Primaria	3ro año	Soltera
Esperanza Hidalgo	Educación Primaria	1er año	Soltera
Felixa Soriano	Secretaria	1er año	Soltera
Damaris Álvarez	Educación Secundaria	Bachillerato	Soltera
Luz de Arma	Biología	2do año	Soltera

De un total de siete que hicieron estudios en diferentes materias en la Universidad de las Antillas en Mayagüez en ese año: una estaba en primer año de secretarial, una en primer año de matemática, una en tercer año de educación primaria, una en primer año de educación primaria, una logró completar el bachillerato en educación secundaria, otra estaba en segundo año de biología. Todas las mujeres eran solteras. La que terminó el bachillerato no se sabe si se quedó en Puerto Rico trabajando como maestra o regresó a su país.

En 1969 algunas de las mujeres que habían emigrado a la isla en los pasados cinco años lograron completar estudios en grados asociados y bachilleratos en la Universidad de las Antillas conforme al anuario de ese año.

Tabla 10: 1969

Nombres	Grado obtenido	Años de estudio	Estado civil
Belkis Domínguez	Educación elemental	Bachillerato	Soltera
Noris de Rodríguez	Secretarial	1er año ASC.	Casada
Claire Gómez	Secretarial	2do año ASC.	Soltera
Esperanza de Hidalgo	Educación primaria	Bachillerato	Casada
Nelly González	Secretarial	1er año ASC.	Soltera
Cadys Tejada	Secretarial	2do año ASC.	Soltera
Luisa Gena	Secretarial	1er año ASC.	Soltera
Marina Esteves	Secretarial	1er año ASC.	Soltera
Carmen D. Troncoso	Secretarial	1er año ASC.	Casada
Felixa Soriano	Secretarial	2do año ASC.	Soltera
Rosa Abreu	Enfermería	1er año ASC.	Soltera
Alejandrina Leonor	Enfermería	1er año ASC.	Soltera
Lucy Pérez	Enfermería	1er año ASC.	Soltera
Josefina Lorenzo	Biología	3er año	Soltera
Ana M. Rodríguez	Educación primaria	Bachillerato	Soltera
Gloria Rosario	Enfermería	1er año	Soltera
Antonia Alcántara	Secretarial	1er año ASC.	Soltera
Norma González	Educación primaria	2doaño ASC.	Soltera
Amanda Lorenzo	Secretarial	Graduada	Soltera
Delicia Pérez	Secretarial	Graduada	Soltera
Luz Pérez	Enfermería	1er año	Soltera

Sobre el anuario de 1969, un total de veintiuna ingresaron a la Universidad de las Antillas. En el desglose que hiciéramos de los datos de la tabla por nombre, grado obtenido, años de estudios y estado civil indican que en ese año hubo tres que obtuvieron bachillerato en educación primaria y una cursaba el segundo año de educación primaria. En el programa de secretarial, de nueve, dos se graduaron, dos estaban en segundo año de secretarial asociado y cinco en el primer año asociado. En el programa de enfermería cinco estaban en el primer año. El programa de ciencias contaba con dos en tercer año de biología. De las veintiuna mujeres, dieciocho eran solteras y tres casadas.

De otro lado en ese año el grupo de estudiantes del programa secretarial era el más numeroso con once, seguido por las enfermeras que eran cinco y, en tercer lugar, educación primaria con cuatro mujeres. Otra característica de este año es que las estudiantes de enfermería estaban en el primer año de estudio.

En el 1970 se efectuó un cambio en la tendencia de inmigrantes debido a un reordenamiento en un modelo de desarrollo económico, en el turismo y nacimiento de industrias. El modelo impulsó la apertura de inmigrantes que se radicaron en el país con fines inversionistas. El desarrollo económico del país necesitaba de mano de obra de mujeres, también de preparación académica para las posiciones que surgieran.

En el 1970 la inmigración de mujeres aumentó, buscando otros lugares para estudiar como, por ejemplo: Estados Unidos, México y Venezuela para lograr una profesión. El análisis que se hizo del anuario de este año reflejó la cantidad de estudiantes en la Universidad de las Antillas.

Tabla 11: 1970

Nombre	Concentración	Grado ó año	Estado civil
1.Belkis de Archbold	Enfermería	Graduada 2 años	Casada
2.Rosa Abreu	Enfermería	Graduada 2 años	Soltera

En ese año dos mujeres dominicanas lograron un grado asociado en enfermería. Una era casada y la otra soltera. De acuerdo con la información recopilada, este año ha sido uno de los que menos mujeres se graduaron.

En 1971 las dominicanas continuaron su anhelo por lograr profesionalizarse. Ya habían pasado los años donde la mujer dominicana únicamente podía aspirar a realizar las funciones de ama de casa. Una de las características que tiene la historia es que es cambiante. Las mujeres ya no son los corderitos sometidos. Eugenio Deschamps afirmaba que:

> En el movimiento feminista que viene observándose de algunos
> años a esta parte como síntoma de progreso, ley suprema de la
> humanidad, no sale el hombre muy bien librado, pues la mujer

le ha demostrado que ella puede ponerse a su altura intelectual, ha cambiado de que él no puede igualársele en muchas cualidades.

Sin embargo, la mujer ha aunado delicadeza, talento y sus datos femeninos que le dan muchísima superioridad sobre los hombres. Las mujeres dominicanas que han emigrado son una muestra de su afán por superarse y lo han seguido demostrando.

Tabla 12: 1971

Nombre	Concentración	Grado	Estado civil
Brunilda de la Cruz	Teología	Asoc. 1er año	Casada
Carmelina Contreras	Secretarial	Asoc. 1er año	Soltera
Eddy García	Enfermería	1er año ASC.	Soltera
Luz Suazo	Secretarial	1er año ASC.	Soltera
Olivia Aracena	Adm. Comercial	ASC.	Soltera
Gloria de López	Educación Elemental	Bachillerato	Casada
Ana E. Lizardo	Educ. Sec. Español	Bachillerato	Soltera
María Rodríguez	Educación Primaria	ASC.	Soltera
Armanda de Acosta	Secretarial e Ingles	Bachillerato	Casada
Nelly González	Educación Primaria	Bachillerato	Soltera
Lina Garrido	Adm. Comercial	ASC.	Soltera
12.María A. Barreto	Secretarial	ASC. 1er año	Soltera
13.Carmen de Paulino	Educación Elemental	ASC.	Casada
14.Angélica Pérez	Biología	ASC. 2do año	Soltera
15.Josefina Díaz	Secretarial	ASC. Grad.	Soltera
16.Candida Olivo	Secretarial	ASC. 1er año	Soltera
17.Daicys Ogando	Secretarial	ASC. 1er año	Soltera
18.Dorka de la Rosas	Secretarial	ASC. 1er año	Soltera
19.Mildred Sosa	Secretarial	ASC. 1er año	Soltera
20.Norma de Familia	Educación Primaria	Bachillerato	Soltera
21.Gloria C. Rosario	Educación Primaria	ASC.	Soltera
22.Walkiria Fermora	Secretarial	ASC. 1er año	Soltera
23.Adria y Pérez	Secretarial	ASC. 1er año	Soltera

En el anuario de 1971 se pudo identificar a veintitrés mujeres emigrantes que estaban matriculadas en diferentes programas en la Universidad de las Antillas en Mayagüez. De acuerdo con la tabla de datos: nueve estaban en el programa de secretarial en grado asociado, dos completaron el bachillerato, cuatro completaron un bachillerato en educación primaria y tres un grado asociado en educación primaria, dos en un grado asociado en administración comercial, una estaba en segundo año de biología y otra en teología. Dieciocho eran solteras y cinco estaban casadas. No se obtuvo datos de la edad.

Con relación a los programas académicos, el secretarial era el más numeroso con once mujeres; en segundo lugar, educación primaria con siete, dos en administración comercial, biología con una y la teología con otra.

En 1972, de acuerdo con el anuario de ese año hubo un total de veinticuatro mujeres universitarias. Algunas de las mujeres de años anteriores terminaron sus estudios en este año en el programa al cual pertenecían.

Patria G. de Rodríguez, estudiante del Curso Comercial, Universidad Adventista de las Antillas, 1966.

Tabla 13: 1972

Nombre	Grado obtenido	Año de estudio	Estado civil
Josefina Sánchez	Secretarial ASC.	1er año	Soltera
Luz Angélica Pérez	Educación sec. Biología	Bachillerato	Soltera
Ligia de Vargas	Educación secundaria	Bachillerato	Casada
Olivia Aracena	Adm. Comercial	Graduada ASC.	Soltera
Sara M. García	Secretarial	1er año ASC.	Soltera
Melba D. Christian	Secretarial	1er año ASC.	Casada
Josefina de Hill	Biología Edu. Sec.	1er año	Casada
Elisabeth Ortiz	Educación Elemental	1er año	Soltera
Altagracia de Ferrer	Educación Elemental	1er año	Casada
Elisabeth González	Dietista salud	1er año	Soltera
Sonia Corporan	Secretarial	1er año	Soltera
Andrea Jaime	Secretarial	1er año	Soltera
Miguelina Rodríguez	Secretarial	1er año	Soltera
Mercedes Reinoso	Secretarial	1er año	Soltera
Tamara Pagán	Secretarial	1er año	Soltera
Daisy Domínguez	Biología Edu. Sec.	1er año	Soltera
Altagracia J. Lizardo	Educación Elemental	2do año	Soltera
Joselyn Gómez	Enfermería	1er año	Soltera
Aracelys Acacia Tello	Enfermería	1er año	Soltera
Balbina Cruz	Enfermería	1er año	Soltera
Eva Thomas	Enfermería	1er año	Soltera
Francis Barreto	Enfermería	Graduada ASC.	Soltera
Eddy García	Enfermería	Graduada ASC.	Soltera
Carmelina Contreras	Enfermería	Graduada ASC.	Soltera

En el análisis de los datos, encontramos que en el programa de enfermería en ese año había cuatro estudiantes en primer año asociado, tres se graduaron de un asociado en enfermería y todas eran solteras. El programa de Secretarial contaba con siete mujeres en el primer año asociado, también todas eran solteras. Por otro lado, una se graduó de un asociado en administración, a su vez era casada. El programa de educación primaria contaba con cinco mujeres de las cuales dos eran de primer año, dos en segundo año, una en educación secundaria y una terminó el bachillerato. Dos eran casadas y tres solteras. También identificamos una en salud como en historia y era soltera. El

Programa de Ciencias en Biología contaba con tres de las cuales dos estaban en primer año y una graduada; una era casada y dos solteras.

Por otro lado, cabe destacar que este año ha sido el segundo más numeroso de inmigrantes que ingresaron a estudiar tanto en el programa de enfermería como en el de secretarial. Tuvieron igual cantidad de estudiantes, lo que sigue siendo un acertijo es si ellas permanecieron en Puerto Rico luego de graduarse trabajando o si marcharon a su país.

Tabla 14: 1973

Nombre	Profesión	Grado obtenido	Estado civil
Julia de Ortíz	Educ. Primaria	ASC.	Casada
Oneida M. Porrys	Secretarial	ASC.	Soltera
Rosa Elena Gómez	Secretarial	ASC.	Soltera
Sarah García	Secretarial Educ. Sec.	BS	Soltera
Sonia de Santana	Secretarial	AA	Casada
Elisabeth Peña	Secretarial	AA	Soltera
Maydalina Lizardo	Secretarial	AA	Soltera
Josefina Hill	Edu. Sec. Biología	BA	Soltera
Nancy C. Lizardo	Secretarial	AA	Soltera
Yolanda de la Rosa	Oficinista general	AA	Casada
Antonia Alcántara	Edu. Religión Español	BA Y AA	Soltera
María de Ferrer	Educación Primaria	AA	Casada
Bethsaida Rodríguez	Secretarial	AA	Soltera
Bella Pérez	Secretarial	AA	Soltera

En 1973, año en que celebra el Decimosexto Aniversario de la revista precursora de los anuarios de la Universidad de las Antillas de Mayagüez, se efectuaron los actos de graduación de catorce mujeres dominicanas que emigraron a Puerto Rico. Un total de nueve se graduaron de un grado asociado en secretarial, una de ellas terminó el bachillerato en educación secundaria, cuatro recibieron preparación en educación primaria, dos en grados asociados, una en bachillerato en educación religiosa y una en bachillerato en educación secundaria. Una recibió un grado asociado en oficinista general. Diez de ellas eran solteras y cuatro casadas. Por otro lado, este fue un año significativo para estas mujeres ya que lograron su objetivo de graduarse y hacerse de una profesión. Sería interesante conocer si estas mujeres inmigrantes pasaron a ser parte de la fuerza profesional laboral en la isla o si se fueron del país.

En la revisión del anuario del 1974 se identificó a treinta y una mujeres inmigrantes en una diversidad de programas académicos en la Universidad de las Antillas que hacían su ingreso o estaban en su segundo o tercer año de estudios o celebrando su graduación.

Tabla 15: 1974

Nombre	Profesión	Grado	Estado civil
María Cales	Enfermería	1er año AA	Soltera
Thelima N. Morel	Enfermería	1er año AA	Soltera
Benita Melo Cordero	Adm. Comercial	1er año AA	Soltera
Elisa Pérez	Enfermería	1er año AA	Soltera
Divina Polanco C.	Edu. Sec. Historia	3er año BA	Soltera
Sarah Polanco	Educación Elemental	1er año	Soltera
Milagros Polanco	Enfermería	1er año	Soltera
Esther Rodríguez	Secretarial	1er año AA	Soltera
Sarah T. Lázaro	Secretarial	1er año AA	Casada
Gladys Tejada	Secretarial	2do año	Soltera
Francisca A. West	Adm. Comercial	2do año	Soltera
María C. Reyes	Edu. Sec. Biología	1er año	Casada
Dircia Din	Adm. Comercial	1er año	Soltera
Carmen Olivo Holguín	Enfermería	1er año	Casada
Isabel Sánchez	Secretarial	1er año	Soltera
Francis Sánchez	Enfermería	1er año	Soltera
Jacobina Santana	Educación elemental	2do año	Soltera
Angela Báez	Secretarial	Graduada	Soltera
Daysi Domínguez Báez	Edu. Sec. Biología	Graduada	Casada
Teresa Florenza Andrés	Obrera Bíblica	Graduada	Soltera
Divina Gómez Domingo	Secretarial	Graduada	Soltera
Indiana Celeste Gómez	Enfermería	Graduada	Soltera
Belkis Lizardo de Guzmán	Secretarial	Graduada	Casada
Carmen Ortega	Secretarial	Graduada	Soltera
María A. Ortega de Ferrer	Educación elemental	Graduada	Casada
Thelma Pérez	Tecnólogo médico	1er año	Soltera

Elisabeth González	Enfermería	2do año	Soltera
Arelis A. Tello de Jesús	Enfermería	Graduada	Casada
Juana M. Nina Ortiz	Edu. Sec. Biología	2do año	Soltera
Eva Thomas Maldonado	Enfermería	Graduada	Casada
Indians G. Santana	Enfermería	Graduada	Casada

Once de las mujeres pertenecían al programa de enfermería; cuatro eran graduadas. Seis estaban en primer año en un asociado de enfermería, una en segundo año asociado, siete eran solteras y cuatro casadas. El programa secretarial contaba con ocho mujeres; cuatro eran graduadas, tres en primer año asociado en secretarial y una en segundo año asociado. Seis eran solteras y dos casadas. El programa de administración comercial contaba con tres mujeres, dos en primer año asociado y una en segundo año. Las tres eran solteras.

El programa de educación contaba con cinco mujeres, de las cuales una iniciaba su primer año asociado en educación primaria, una cursaba su segundo año asociado en educación primaria, tres se habían graduado: una en bachillerato en historia, educación secundaria, una con bachillerato en ciencias biológicas en secundaria y otra en asociado en educación elemental. El estado civil: tres solteras y dos casadas. Otro programa que fue de nueva creación fue el de técnico médico.

En el 1975, en el anuario de la *Revista Flamboyán* se identificaron un total de cuarenta y dos mujeres emigrantes activas en los diferentes programas académicos de la Universidad de las Antillas. Los programas académicos incluían: educación elemental, secretarial, enfermería, ciencias biológicas, tecnología médica, administración comercial, español e historia. En ese año uno de los programas académicos de mayor matrícula fue el de educación elemental, seguido por secretarial, enfermería y ciencias biológicas que tuvieron un aumento en la matrícula. Otro programa con un notable aumento fue el de tecnólogo médico. La administración comercial también tuvo un ligero aumento, al igual que el programa de español.

Tabla 16: 1975

Nombre	Profesión	Año	Estado civil
Dircia Báez	Educación elemental	2do año ASC.	Soltera
Maria E. Chail	Educación elemental	2do año ASC.	Soltera
Juana de Contreras	Educación elemental	1er año ASC.	Casada
Silvia Guerrero	Educación elemental	1er año ASC.	Soltera
Rosario Lizardo	Educación elemental	1er año ASC.	Soltera
Carmen Núñez	Educación elemental	3er año BA	Soltera
Aracelis Pérez	Educación elemental	1er año ASC.	Soltera
Sarah Polanco	Educación elemental	2do año ASC.	Soltera
Digna Rodríguez	Educación elemental	3er año ASC.	Soltera
Jacobita Santana	Educación elemental	3er año BA	Soltera
Esther Castillo	Secretarial	1er año ASC.	Soltera
Nidya B. González	Secretarial	2do año ASC.	Soltera
Ana G. Guzmán	Secretarial	1er año ASC.	Soltera
María Olivo	Secretarial	2do año ASC.	Soltera
Noemi Olivo	Secretarial	2do año ASC.	Soltera
Ana T. Lorenzo	Secretarial	Grad. ASC.	Soltera
Divina de Domínguez	Secretarial	Grad. ASC.	Casada
Flor M. Floiran	Enfermería	1er año ASC.	Soltera
Thelma Morel	Enfermería	1er año ASC.	Soltera
Esther A. Rodríguez	Enfermería	1er año ASC.	Soltera
Joselyn Gómez	Enfermería	BA	Soltera
Elizabeth González	Enfermería	Grad. ASC.	Soltera
Aracelis Tello	Enfermería	1er año ASC.	Soltera
Dinorach LLuberes	Ciencias biológicas	2do año ASC.	Soltera
Juana M. Nina	Ciencias biológicas	3er año BA	Soltera
Ana Villalona	Ciencias biológicas	3er año BA	Soltera
Leonis Figueroa	Ciencias biológicas	2do año ASC.	Soltera
Rafaela Lara	Ciencias biológicas	3er año ASC.	Soltera
Luisa Cruz	Tecnología médica	1er año ASC.	Soltera
Sebiles Pineda	Tecnología médica	1er año ASC.	Soltera
Thelma Pérez	Tecnología médica	2do año ASC.	Soltera
María C. Reyes	Tecnología médica	3er año BA.	Soltera
Mayra Pérez	Tecnología médica	2do año ASC.	Soltera
Elsa Herrera	Adm. Comercial	3er año BA.	Soltera
Benita Mola	Adm. Comercial	2do año ASC.	Soltera
Bernarda Ovalles	Adm. Comercial	3er año BA.	Soltera
Francisca A. West	Adm. Comercial	3er año BA.	Soltera
Elba J. Martínez	Español / Educación	1er año ASC.	Soltera
Josefina Rivas	Español / Educación	1er año ASC.	Soltera
Gladys Tejada	Español / Educación	3er año BA.	Soltera
Georgina de León	Historia / Educación	2do año BA.	Casada

El programa de educación elemental de ese año fue uno de los más numerosos con un total de diez mujeres emigrantes, de los cuales cinco cursaban el primer año de grados asociados, tres en segundo año de grados asociados, dos en tercer año de bachillerato. En cuanto al estado civil, nueve eran solteras y una casada. El programa secretarial tenía siete mujeres, cuatro en primer año de grado asociado, una en segundo año asociado, y dos se graduaron en secretarial. Su estado civil, una era casada y seis solteras. En el programa de enfermería contaba con seis mujeres de las cuales tres estaban en primer año asociado, cuatro completaron el bachillerato y dos graduadas de grado asociado. Las seis eran solteras.

El programa de ciencias biológicas contaba de cinco mujeres, dos en primer año de grado asociado, tres en tercer año de bachillerato. Todas eran solteras. En el programa de tecnología médica eran cinco, de las cuales tres estaban en primer año asociado, una en segundo año asociado y una en tercer año de bachillerato. Las cinco eran solteras. El programa de administración comercial tenía cuatro mujeres, una en primer año de grado asociado y tres en tercer año de bachillerato. Las cuatro eran solteras. El programa de español de educación secundaria contaba con tres mujeres, dos en primer año asociado y una en tercer año de bachillerato. Las tres mujeres eran solteras. El programa de historia contaba con dos mujeres que estaban en segundo año de bachillerato. Una era casada y la otra era soltera.

Desde 1961 hasta el 1975, periodo de vigencia de esta investigación, según el análisis de los anuarios de la Universidad de las Antillas en el pueblo de Mayagüez, Puerto Rico, nos indica que hubo un total de doscientas cinco mujeres dominicanas inmigrantes que ingresaron en diferentes programas académicos. En el desglose de estudiantes mencionados en los programas académicos podemos observar que para ese periodo había programas que tenían más demanda que otros. Uno de los más numerosos era el secretarial con un total de ochenta y siete estudiantes en su gran mayoría de grados asociados.

El segundo programa en importancia era el de Educación Elemental. Allí hubo cuarenta y dos candidatas a maestras. Le seguía el programa de enfermeras, donde estudiaban treinta y tres mujeres. El programa de ciencias estaba en cuarto lugar con diecisiete estudiantes. La educación secundaria estaba en quinto lugar con quince estudiantes. En el programa de Religión había diez obreras bíblicas. El programa de administración comercial contaba con ocho estudiantes, mientras que el programa de tecnología médica contaba con siete alumnas.

Ejemplo de mujeres en el exilio

En 1946, a la edad de tres años, Noris Valenzuela llegó a Puerto Rico junto a sus padres, del pueblo de Montecristi, Santo Domingo, en busca de un mejor porvenir. Estos se establecieron en Guaynabo. Su madre se dedicó a trabajar de ama de casa para echar a sus hijos hacia adelante. Luego de cursar el duodécimo grado hizo un grado asociado en secretarial, a lo que profesionalmente se dedica.

En el 1962 Ángela Guzmán a los seis años llegó en forma ilegal y en yola junto a sus padres a Puerto Rico y se establecieron en Humacao en casa de familiares que llevaban tiempo en la isla. Esta cursó estudios en la Escuela Padre Rufo, hizo un bachillerato en contabilidad en la Universidad Metropolitana (UMET). En la actualidad cuenta con 61 años y tiene un restaurante de su propiedad. Sus hijos ayudan en tareas en el negocio además estudian.

Hilda Guerrero llegó a Puerto Rico en el 1965, cuando contaba con nueve años. Sus padres decidieron darles un mejor bienestar a sus hijos. La joven estaba legalmente en Puerto Rico y pudo estudiar. Terminó un bachillerato en comunicaciones en la Universidad del Sagrado Corazón. Prestando sus servicios en comunicación y mercadeo. Hoy en día, es una empresaria y tiene su propio negocio. Ya está pensando en retirarse y que sus hijos tomen las riendas de su negocio.

En enero de 1966 llegó a Puerto Rico, a la edad de ocho años, Josefina Mejías con su familia. Sus primeros años estudió en la Escuela Nemesio R. Canales en Río Piedras. Obtuvo un bachillerato en psicología en la Universidad Metropolitana (UMET). Tuvo que dedicarse durante las noches a trabajar en un negocio de comidas rápidas.

Zoraida Hernández llegó junto a sus padres a la edad de cinco años a Puerto Rico en el 1967 en busca de un mejor bienestar. Sus estudios primarios y secundarios los hizo en Caguas, Puerto Rico. Se graduó de bachillerato en secretarial y luego continuó con administración y contabilidad, en la Universidad del Turabo. Trabajó en la compañía Puerto Rico Telephone Company. Su mayor problema fue el de adaptación y el discrimen como mujer dominicana.

Venecia M. Castillo llegó en el 1968, a la edad de diecisiete años, con propósito de estudios. Vivía en Mayagüez y obtuvo un bachillerato en administración de oficina de la Universidad Interamericana en San Germán, Puerto Rico.

Marina de la Cruz llegó a la isla en 1968 a la edad de veinte años con el propósito de estudiar legalmente. Completó un bachillerato en la Universidad de Puerto Rico, se trasladó a Estados Unidos y estudió una maestría en Filosofía y Letras, terminando un doctorado en España en Filosofía y Letras. Regresó a Puerto Rico y trabajó en la Universidad de Puerto Rico Recinto de Mayagüez. Aún reside en el área de Mayagüez, luchando para sacar sus hijos adelante.

Teresa Montilla llegó a Puerto Rico en el 1968 a la edad de dieciocho años. Recién casada, se estableció en la isla con dos hermanos que eran médicos. Con el esfuerzo de trabajo y estudio hizo un bachillerato en administración comercial en la

Universidad Católica de Ponce, Puerto Rico. Trabajó como administradora de comercio en *Montilla Beauty Salón* en Río Piedras, Puerto Rico. Cuenta que pasó muchas vicisitudes de discrimen a pesar de que su color de piel no es negro. Actualmente cuenta con salones de belleza, funerarias y restaurantes en San Juan.

Maribel Ortega llegó a Puerto Rico en el 1969 a los quince años con sus padres. Estudio en la Universidad de Puerto Rico en Río Piedras un bachillerato en educación elemental y trabaja en un preescolar en Guaynabo, Puerto Rico.

Virtudes Puello llegó a Puerto Rico en el 1969 con sus padres haciendo sus estudios en Río Piedras. Estudió en la Universidad del Este un bachillerato en sociales y trabaja en el Departamento de la Familia como trabajadora social.

Josefina Rufino Nivar vino a Puerto Rico en el 1970 a la edad de 17 años y el motivo era un viaje de placer. Le gustó y legalizó su estatus. Sus estudios los realizó en Santo Domingo en el Colegio San Rafael luego continuó en Puerto Rico en el Instituto Ramírez College en banca y comercio, trabajando para el Banco City Bank desempeñándose como oficial de tránsito. Estuvo treinta años de servicio en la banca comercial.

Paula Olivo llegó a los veinte años en el 1970, legalizando su estatus en 1975. En Puerto Rico estudió en la Universidad Interamericana de Puerto Rico obteniendo un bachillerado en Ciencias en Computadoras. Anterior a esto había estudiado ciencia de computación en la Universidad Autónoma de Santo Domingo. En Puerto Rico se desempeñó como secretaria del Hospital Pavía de Santurce. En la actualidad se desempeña en bienes raíces.

Marta Reyes vino a Puerto Rico con sus padres a la edad de cinco años en el 1970. Estudió el duodécimo grado en la Escuela Juan Ponce de León en Río Piedras. Se graduó de cosmetología en la Academia Borinquén.

Carmen L. Matos llegó a los once años, en el 1970, como resultado de la muerte de un familiar. Continuó sus estudios en la Escuela Agustín Stahl en Bayamón, Puerto Rico. En la UPR de Bayamón estudió un bachillerato de Educación Elemental, completó una maestría y trabaja para el Departamento de Educación. En el momento de la entrevista tenía 39 años.

Olga Mercedes Nina vino a Puerto Rico en el 1970 a la edad de 24 años por motivo de boda con un residente dominicano legalmente en Puerto Rico. Trabajó en el departamento de piezas y servicios de una compañía japonesa. Indicó que ella se preparaba en ese momento para obtener la licencia de ingeniera química que fue lo que estudió en la Universidad Autónoma de Santo Domingo. Indicó, además que costeaba sus gastos de universidad en la Universidad de Puerto Rico, Recinto de Mayagüez, para presentar la reválida de química en Puerto Rico. Trabaja actualmente de ingeniera química en la Autoridad de Acueductos y Alcantarillados en Río Piedras.

Ana M. Reynoso llegó a Puerto Rico en el 1971 a la edad de 24 años por motivo de estudio. Estudió grados primarios y secundarios en Santo Domingo. Comenzó el doctorado en la Universidad de Puerto Rico, Recinto de Mayagüez, luego se fue a la Interamericana en San Germán a trabajar como profesora.

María Luisa Muñiz llegó a la isla en 1971 a la edad de 31 años en busca de estudios y oportunidad económica y así poder mantener a su familia. Trabajó en restaurante de comida rápida en lo que terminaba sus estudios universitarios. Se graduó de un bachillerato de sicología en la Universidad Interamericana de Río Piedras. En la actualidad trabaja en el Programa de orientación y consejería en el Departamento de Educación.

Algunas conclusiones

Los datos encontrados en los anuarios de 1961-1975 de mujeres dominicanas inmigrantes en Puerto Rico que ingresaron en los diferentes programas académicos de la Universidad de las

Antillas en Mayagüez, nos muestran el deseo de superación que tenían las mujeres exiliadas en los años que comprenden al estudio. Un total de 205 alumnas que aspiraban hacerse de una profesión, recibieron grados asociados y bachilleratos. Por otro lado, lo que no se pudo corroborar de todas las alumnas fue si ingresaron a la clase trabajadora de Puerto Rico en el sector público o privado, si establecieron negocio propio o si emigraron a Estados Unidos u otros países.

Durante los cuatro periodos que abarca la investigación la profesión de secretaria fue una de las más preferidas por estas mujeres. Cabe señalar, que en Puerto Rico, el periodo estudiado fue uno con una economía que estaba en vías de recuperación. Esta coyuntura propició la inversión, la creación de nuevas industrias en tecnología, comunicaciones y computadoras. De esto surgen las nuevas oportunidades en estas áreas por lo que se hacía imperante la educación y superación de los recursos humanos como resultado de la necesidad de mano de obra especializada en tecnología y administración comercial en posiciones gerenciales.

En otros datos encontrados en las entrevistas de diecisiete mujeres dominicanas que llegaban con sus padres a Puerto Rico en busca de un mejor porvenir a una temprana edad, entre el 1961-1975, vemos que una de ellas estudió administración comercial y obtuvo su propio negocio, cuatro se prepararon en administración comercial trabajaron en empresas como PRTC, City Bank, bienes raíces y agencias gubernamentales. Otras cuatro obtuvieron bachillerato en Educación Elemental, una en sicología, otra en trabajo social, dos hicieron bachillerato en administración comercial, una trabaja como cosmetóloga, otra ingeniera química en la Autoridad de Acueducto y Alcantarillados, y otra estudió filosofía y letras y trabaja de profesora en la Universidad Interamericana de San Germán.

Sin embargo, de las mujeres que se entrevistaron y trabajan en la isla, algunas expresaron sentirse discriminadas por el hecho de ser dominicanas, su forma de hablar y color de piel. Otras sentían problemas de adaptación y socializar con las demás personas que no fueran de su propio país, además de tener problemas económicos y falta de ayuda de parte de las instituciones gubernamentales para estudiar.

En conclusión, los datos censales de los anuarios de las alumnas dominicanas que estudiaron en Mayagüez nos proporcionaron una buena fuente de información sobre todas las que obtuvieron preparación en los diferentes programas académicos. Muchas de estas mujeres se prepararon y sirvieron en el país receptor.

En el próximo capítulo estaremos tratando de investigar si las mujeres dominicanas que iniciaron el proceso de estudio para graduarse en diferentes áreas académicas y su lucha por profesionalizarse, se integraron a la fuerza laboral del país en diferentes áreas del gobierno e instituciones privadas.

Julia de Ortiz, estudiante de Educación Primaria,
Universidad Adventista de las Antillas, 1973.

Belkis Lizardo de Guzmán, estudiante de Enfermería Graduada,
Universidad Adventista de las Antillas, 1974

Indiana Celeste Gómez, estudiante de Enfermería Graduada,
Universidad Adventista de las Antillas, 1974

MUJERES DOMINICANAS PROFESIONALES EN PUERTO RICO

En este capítulo estaremos estudiando el profesionalismo de las mujeres exiliadas en Puerto Rico a partir de la década del 1950. Estas mujeres se vieron obligadas a emigrar por ser perseguidas por sus ideales políticos, por verse restringidas socialmente y por no permitírsele poder progresar económicamente. Algunas de ellas tenían solvencia económica pero su oposición al régimen dictatorial las llevó a salir de su país.

Este apartado lo debemos comenzar comentando la obra *La Mujer Triunfadora*.[187] El mismo es un libro oportuno y útil para las mujeres que desean alcanzar sus máximas capacidades. La autora manifiesta que la mujer debe conocer su pasado, para así, analizar los pasos ya recorridos y hacer cambios significativos en su vida, el mundo laboral y como jefa de familia, sin necesidad de querer imitar a los hombres. La mujer debe conocer su potencial para dirigir su lucha hacia la superación y su crecimiento personal. A lo largo del libro se desarrollan varios temas y técnicas muy útiles para el crecimiento personal. Dando por entendido, el triunfo de la mujer y su independencia.

La autora nos presenta a la mujer como gestora de su propia vida, luchando para un mundo mejor. Realmente son pocas las mujeres que han sido reconocidas históricamente como figuras significativas, modelos ejemplares de lo que se puede lograr bajo situaciones adversas. Es en la actualidad que se han tenido avances donde la mujer puede ocupar puestos de relevancia dentro de la esfera cultural, social y política.[188]

Sobre el periodo de 1961-1975, se identificaron mujeres que se distinguieron en determinadas áreas académicas y ponemos

---

[187] Dorothy Dru Scott, *La mujer triunfadora*, Editora Fondo Educativo Americano, México, 1976. p. 18. La autora es miembro de la Asociación Internacional de Análisis Transaccional.

[188] Ibíd., p. 19.

uno de los ejemplos dados: a Carmen Natalia Martínez Bonilla, puertorriqueña de adopción, que creó conciencia en la Arquitectura Dramática y produjo obras de teatro infantil durante esa época. Estas obras no han sido adaptaciones, sino verdaderas creaciones de los cuentos de hadas tales como *La Cenicienta*, *La bella Durmiente* y *Blanca Nieves* bajo la dirección de la declamadora y directora del Teatro Infantil, Maricusa Ornes, también de nacionalidad dominicana.[189]

Maricusa Ornes, como mencionamos anteriormente, emprendió la resistencia del régimen tirano mediante la declamación haciendo teatro infantil y contribuyendo a la cultura puertorriqueña en su famosa obra *Arlequín* (1961). Le llamaban la voz del exilio dominicano, mereciéndose el reconocimiento meritorio y condecorada con la medalla de los padres de la patria dominicana Duarte, Sánchez y Mella. También fue creadora de la poesía coreada en Puerto Rico. Adoptó a Puerto Rico como su segunda patria y no solo eso, sino que fundó la Academia de Arte escénico llamándola Santo Domingo 1953. Además, fue catedrática de la Universidad de Puerto Rico, en el Departamento de Drama durante el 1957. La historia registra de ambas mujeres una lista de nombres y colaboraciones con gran esfuerzo que realizaron para sembrar y cultivar en los niños el amor por las artes.[190]

Aclara Natalia que es importante sembrar y cultivar en los niños el amor por las artes. Cada día se siente más la necesidad de que los dramaturgos dediquen parte de su tiempo a escribir obras de teatro para niños utilizando los temas de su predilección, un lenguaje sencillo, culto y refinado que encaucen su imaginación. Las fuentes encontradas nos servirán para determinar las diferentes áreas académicas en las que se desenvuelve la mujer dominicana en Puerto Rico y fuera de otra periferia en

---

[189] Maricusa Ornes, "El Teatro…", pp. 12-109.
[190] Ibíd., p.109.

el globo terráqueo, nos da la oportunidad de ampliar las áreas escasamente tratadas hasta la fecha.[191]

Maricusa Ornes también salió del exilio después de los sucesos de Luperón y la amnistía de 1950, fue a la Habana, Cuba y más tarde pasó a México, donde se encontró con el líder opositor Juan Bosch. Bosch que conocía a la familia Ornes desde la infancia le consiguió autorización a Maricusa Ornes para celebrar un recital de poesía en un teatro de la Habana. Allí se reunieron muchos exiliados para disfrutar del espectáculo, entre ellos Rómulo Betancourt. Todos quedaron impresionados con las poesías y el talento para la declamación de Maricusa Ornes. Luego viajó a México y presentó con éxito sus recitales en el Ateneo Español. Participó en reuniones políticas de los exiliados y conversaciones con líderes políticos de la talla de Rómulo Gallego y José Figueres con sus versos revolucionarios tuvieron mucha receptividad, luego, inicio una gira cultural por diferentes países de Latinoamérica y Europa.[192]

Mientras estaba en La Habana fue invitada por el rector de la Universidad de Puerto Rico, Jaime Benítez. Voz incansable de la defensa de la mujer dominicana, presentó su recital en la isla el 4 de abril de 1952, en el teatro de la Universidad de Puerto Rico, donde se destacaron exiliadas dominicanas y numerosos estudiantes entre ellos los de la Escuela de Derecho, quienes tenían un compromiso moral con la lucha del exilio dominicano. Este recital marcó la trayectoria de su vida. En el exilio en Puerto Rico, a partir de ese momento recibió varias ofertas para presentarse en los teatros de la isla, preparándose académicamente decidió quedarse en Puerto Rico.[193]

En su repertorio incluyó poemas de Gabriela Mistral, Sócrates Nolasco, Andrés Eloy Blanco, León Felipe, Federico García Lorca, Carmen Natalia Martínez y Maricusa Ornes Coiscous.

---

[191] Ibíd., p.110.
[192] Ibíd., p. 103.
[193] Ibíd., p. 104.

Periodistas dominicanos, poetas de Cuba y México aplaudieron y alabaron sus obras. Su amiga Carmen Natalia Martínez Bonilla la describió como una voz llegada desde las estrellas. Fundó la Academia de Artes teniendo como opositor al cónsul dominicano, Ángel Morales restándole importancia a la misma, pero la vida continuaba con su formación en el arte recibiendo la colaboración de asiduos y distinguidos poetas tales como Luis Palés Matos, Tomás Blanco y Francisco Arriví.

Recibió respaldo del gobernador de Puerto Rico, Luis Muñoz Marín. La Fundación del Instituto de Cultura de Puertorriqueña, bajo la dirección de Ricardo Alegría, creó centros culturales en numerosos pueblos de la isla con su famosa obra "Arlequín". Después de la caída de Trujillo regresó a República Dominicana para completar sus estudios en leyes. Se mantuvo como catedrática del Departamento de Drama ofreciendo el curso de dicción y drama desde 1958 al 1979. Esa estrella de mujer incursionaba con mujeres que se profesionalizaron y sirvieron a Puerto Rico y otras periferias, a pesar de la persecución trujillista, el cual la vigilaba constantemente.[194]

Otra de las figuras del exilio lo fue el profesor Juan Bosch, quien a sus 92 años de vida además de ser amante de la Historia, se destacó como político, literario y educador. Nació y se crió en La Vega, una provincia del centro norte del país. A los 29 años supo lo que es estar encarcelado por defender un ideal: la democracia. Sin embargo, en su exilio, no cambió su manera de ver la vida con espíritu de lucha, lo que perpetuó como ejemplo a seguir, para sus compañeros exiliados. Su legado es conocido en toda América Latina.

El vínculo más estrecho en el exterior lo tuvo con Puerto Rico. De hecho, en la década de los 60, cuando huyó de la República Dominicana tras un golpe de estado, fue en la isla que encontró la protección que su país no le brindaba. Bosch amaba a Puerto Rico, no solo por sus raíces, era de madre boricua, sino

---

[194] Ibíd., p. 109.

por los lazos de amistad y respeto que siempre tienen ambas naciones. Naciones que han crecido juntas, explicó Julio César Santana, autor del libro *Bosch en diálogos imaginarios y otros*.

Ejemplos de mujeres profesionales dominicanas

Hilda Guerrero fue entrevistada el 10 de agosto del 2010. Tenía 54 años. Llegó a los 9 años, en el 1965, acompañada de sus padres. Estos no estaban de acuerdo al régimen y salieron por motivo de la Revolución del 25 de abril de ese mismo año. Estudió su escuela primaria y secundaria en Puerto Rico, con ayuda, para ese tiempo, de la beca Pell Grant que otorgaba el gobierno federal. Se graduó de comunicaciones en la Universidad de Sagrado Corazón y asistió a diferentes causas de los exiliados en Puerto Rico. Conoció de primera mano, como moderadora en comunicaciones, los prejuicios del racismo y hacia los emigrantes que estaban actualmente en Puerto Rico. Su lucha fue por la igualdad y condiciones humanas que sufrían sus hermanos dominicanos, los prejuicios del racismo y de los emigrantes que se encontraban actualmente en Puerto Rico.[195]

María Luisa Muñoz llegó a Puerto Rico en 1971 con 31 años de edad, trabajó en un restaurante de comida rápida en lo que se preparaba académicamente para tener mejores oportunidades y poco a poco pudo lograr un bachillerato en la Universidad Interamericana de Puerto Rico, con ayudas económicas federales. Está trabajando como orientadora en el Departamento de Educación. Confrontó prejuicio por discrimen y su lucha fue permanecer en anónimo por señalamiento de origen. Conocía las leyes, pero no quería contiendas en su lugar de trabajo.[196]

Es importante recalcar que entre las mujeres que pudieron superarse se encuentra la veterana patóloga forense de origen dominicano Yocasta Brugal, médico forense, que ha practicado

---

[195] Hilda Guerrero. Entrevista del 10 de agosto de 2010 en San Juan.
[196] María Luisa Muñoz. Entrevista 10 de agosto de 2010 en San Juan.

miles de autopsias y ha contribuido al esclarecimiento de importantes casos. Se debe indicar que se convirtió en la primera patóloga forense tras hacer su residencia en el Hospital Municipal de San Juan, también laboró en el Recinto de Ciencias Médicas de la UPR. Entre sus logros está el supervisar la investigación del asesinato del productor Luis Vigoreaux y de la pesquisa del caso de Barbarita. Se destacó en el sonado caso de Georgina Ortiz, esposa del ex juez del tribunal supremo Carlos Irizarry Junque, quien fuera asesinada en su apartamento en 2010. En este caso se acusó a Aida de los Santos Pineda, una ama de llaves dominicana, que laboraba para Georgina Ortiz. La investigación forense fue vital para el esclarecimiento del mismo y exoneración de la acusada. También presidió la Escuela de Medicina San Juan Bautista. Actualmente ejerce la práctica privada en Guaynabo, Puerto Rico.

La contribución de la Dra. Yocasta Brugal es meritoria, ya que ayudó a sobrepasar una posible injusticia. Es importante recalcar que existe un sinnúmero de protagonistas féminas exiliadas que como empleadas domésticas u obreras campesinas son víctimas del discrimen únicamente por su condición y estatus ilegal.

Otro libro que recomendamos es el de Karim Neyland, *La diáspora femenina dominicana y la Transculturación como alternativa descolonizadora*, publicado por la Editorial Búho en Santo Domingo (2006). Este libro va dedicado a todas las mujeres que emigraron en busca de transformación. La autora ofrece pistas sobre las transformaciones con los aparatos productivos en Estados Unidos y la República Dominicana como país periférico. En la obra se pueden comprender diferentes vínculos entre la realidad material de las personas y la forma de cómo tejen sus relaciones con los que construyen comunidades tanto locales como transnacionales.[197]

---

[197] Karim Neyland, *Negociando la aldea global con un pie aquí y otro allá*, Editorial Búho, Santo Domingo, 2006, pp. 19-20.

La autora presenta a las mujeres migrantes como un nuevo sujeto histórico en un verdadero acto de valentía y un análisis innovador y refrescante y un tema importante para la sociedad dominicana. La visión de la autora nos deja ver claramente que la preparación de la mujer dominicana, en su lucha por integrarse a otras áreas académicas, ha sido determinante no solo en Puerto Rico sino también en el mundo globalizado. Es interesante plantear cómo la globalización y la modernización ha visto el desenvolvimiento y el liderazgo de estas mujeres latinas para poder sobrevivir y moverse entre las naciones y el deseo de superación y esfuerzo de miles de mujeres en Puerto Rico desde los años 60 en adelante. El gran número de mujeres emigrantes han ido cambiando la esencia de la emigración asimilando grupos étnicos y manteniendo un contacto fluido con las comunidades de origen, transformando el proceso migratorio.[198]

Existe una generación de puertorriqueños que no saben quién es Sandra Zaiter, mujer dinámica que se inició en los medios en un programa de jóvenes que respondía a las inquietudes de la década de 1970. El programa se llamó *Arriba la Gente*, donde se le daba énfasis a las mejores cosas que tiene la vida, el compartir el día a día con la gente con valores y deseo de superación donde educarse y seguir hacia adelante era su visión. Su deseo fue siempre sembrar ese positivismo por medio de la música. Nacida en República Dominicana en el 1943, hija de Emilio Zaiter de origen libanés y de Italia Trifilio de origen italiano. En los años 70, a la edad de 27 años, orgullosa de ser pionera en la música en Telemundo, cantante, escritora con su libro "Vida sobre Ruedas" cuenta la historia de la televisión y su trayectoria en Puerto Rico, con una exitosa carrera en Telemundo, homenajeada por su colega "Mago Emanuel" y Chícola, gran maestra, llena de valores y con una extraordinaria calidad

---

[198] Ibíd. p. 20.

humana. Contra viento y marea le dio una connotación a la vida de los niños en Puerto Rico. Ella es vida e inspiración para la televisión puertorriqueña.

Sandra Zaiter nació en una época muy difícil en Santo Domingo cuando gobernaba con mano férrea el dictador Rafael Leónidas Trujillo Molina. Inicio sus estudios en Puerto Rico en la escuela República del Salvador en el sector capitalino de Caparra Heights en Puerto Nuevo, luego en La Academia Santa Mónica en Santurce. Perteneció a las niñas escucha. A los 19 años cursaba el segundo año en la Universidad de Puerto Rico y trabajó en el Departamento de Instrucción Pública como maestra de Historia para cumplir con sus deberes de maestra y estudiante. Se graduó de bachillerato en estudios generales y realizó una maestría en Historia y Lenguas en la UPR. Fue profesora del Colegio Sagrado Corazón en Santurce y luego su vida dio un giro de 180 grados la tarde del 13 de septiembre de 1975 cuando en medio de un pasadía en las Islas Icacos, sufrió un accidente. Ella, aunque era una experta nadadora, se lanzó al agua sin saber que la marea bajó y al caer se golpeó con su barbilla en el fondo. El impacto le fracturó la cervical quedando parapléjica. A pesar del accidente y con toda su trayectoria, logros, sueños y sensibilidad humana logró superar el mismo. En una charla de motivación dejó sentir y recordar el accidente que inmovilizó sus extremidades inferiores y enfatizó que siendo buena nadadora había sido por un descuido de ella y que todos los descuidos tienen precio. Sandra Zaiter dice:

> Nuestro cuerpo es sumamente frágil, tan frágil que en un segundo nuestra vida puede cambiar, por eso no importa la edad que tengamos, los inconvenientes que tengamos en términos de salud, tenemos que seguir cuidando y protegiendo nuestro cuerpo. Vengo a decirles que la vida es bella, hermosa, que vale la pena vivirla hasta el final. Les exhorto a tener control de su vida, todos nacemos con un propósito,

136

con una misión, una vocación y cumplir con ellas es un mandato divino.

La Dra. Nancy Álvarez es sicóloga clínica, sexóloga, profesora, terapista familiar, productora, conductora de televisión y escritora. Sus primeros estudios fueron en la Universidad Autónoma de Santo Domingo. Ella se ha destacado como conductora en varios programas de televisión, uno de ellos es "Quién tiene la razón" que fue al aire por varios años.

Su principal objetivo fue educar mientras entretenía llevando un mensaje a sus fanáticos de Puerto Rico, Santo Domingo, Venezuela, El Salvador, New York, Los Ángeles y otros estados y países. Se ha destacado en Puerto Rico con sus charlas y seminarios para hombres y mujeres que tienen problemas de afrontar situaciones de pareja y sexualidad. Actualmente reside en Miami y dicta seminarios también en República Dominicana, Los Ángeles y Florida. Vivió en Puerto Rico antes de los años 70 rompiendo el molde machista que había existido hasta el momento.

La Dra. Rosa Pérez Perdomo, doctora en epidemiologia, fue Secretaria del Departamento de Salud de Puerto Rico bajo la administración de Aníbal Acevedo Vilá. Se graduó de la Universidad Autónoma de Santo Domingo en el 1966 y ofreció clínicas de salud pública en el centro de Caguas. Continuó sus estudios en Puerto Rico obteniendo una maestría en salud pública de la Universidad de Puerto Rico y luego, siendo profesora de la Escuela de Medicina y Directora de los Programas en Salud Pública del Departamento Epidemiológico de Puerto Rico. Bajo su administración se desarrolló una transformación profunda en el área de salud que incluye mayores proyectos de infraestructura en el Centro Médico de Río Piedras. También dictó cátedra en varias universidades.

Se destacó en las investigaciones escandalosas del fraude de médicos con licencias fraudulentas y confirmó que tres empleados de esa agencia figuraban entre los acusados, por autoridades federales. En los operativos realizados se arrestaron a 91 personas entre ellos 88 médicos que supuestamente pagaron para recibir licencias fraudulentas para ejercer la medicina en Puerto Rico.[199]

Magali Febles Moretta, estilista dominicana que en el 1964 viene a Puerto Rico y estudia cosmetología y estilismo y tiene un salón de belleza en San Juan, convirtiéndose en una destacada estilista. Fue directora de las franquicias de Miss Universo en República Dominicana, Haití y Puerto Rico. Preparó reinas del certamen a nivel internacional como Zuleyka Rivera y Desiree Lowry. Magaly Febles fue una de las pioneras en el campo de la belleza en Puerto Rico y aún mantiene conexiones nacionales e internacionales en su país de origen.[200]

Lenny A. Valerio, quien nació en San Francisco de Macorís, estudió la escuela elemental y secundaria en Puerto Rico. Tiene un doctorado en administración de la Universidad de Michigan y trabaja como administradora del Centro de Estudio Latinoamericano y el Caribe. En la entrevista que le realizamos nos indicó que:

> Los problemas presentados durante mis estudios en la Escuela Gabriela Mistral en Río Piedras los recibí de los propios educadores y alumnos. Discrimen, directamente contra mi persona y escuchaba chistes de los dominicanos en la escuela y en las calles de San Juan, Puerto Rico. Eso me motivo a estudiar y destacarme, sabía que esos chistes eran parte de la ignorancia y falta de educación por tanto la mayoría de nosotras como mujeres dominicanas que vivían y viven en el anonimato es por principios y patrones enseñados en la casa y nos preparamos sin mucho escándalo, ya que tenemos que

[199] http// www.thelelger.com.
[200] Univisión. Programa *Los seis de la tarde*. Recuperado el 20 de agosto de 2016.

ser agradecidos en el país receptor. Gracias a mi padre, maestro constructor que se levantaba a las cuatro de la mañana y nos decía antes de partir, hijos tienen que estudiar y prepararse.[201]

Lutergia Pagán Salas llegó a Puerto Rico en el 1971 de vacaciones para visitar a su madre, dedicándose a estudiar la escuela intermedia en las Américas, su secundaria en la Gabriela Mistral y su Bachillerato en la Universidad de Puerto Rico en Bayamón. Cuando terminó su bachillerato con ayuda del gobierno federal y comenzó a trabajar como empresaria y educadora a nivel de adultos. Su maestría fue en la Universidad de Phoenix en Bayamón, Puerto Rico.[202]

Candelaria Cuello llegó a Puerto Rico en el 1967 con sus padres y siete hermanos. Estudió su primaria y secundaria en Puerto Rico. Su madre vino con un contrato de trabajo en la casa de una familia adinerada. Comenzó un bachillerato en Administración Comercial en la Universidad Mundial graduándose de contadora pública autorizada con el esfuerzo de su madre y el trabajo forzoso de albañilería del padre. No recibió ninguna ayuda federal ni del gobierno de Puerto Rico. Actualmente está retirada y vive en Atlanta, Georgia. Los problemas que confrontó en Puerto Rico fueron el discrimen indicando que se debieron a su origen y color. Además, indicó que como trabajadora en la Autoridad de Energía Eléctrica confrontó un problema de demanda de clase que fue dilucidado en el tribunal en contra de los jerarcas de dicha institución. Caso privado que se encuentra en el Colegio de Abogado.[203]

---

[201] Lenny A. Valerio es la administradora del Centro de Estudio Latinoamericano y del Caribe en la Universidad de Michigan. Entrevista el 5 de diciembre de 2015 en San Juan.

[202] Lutergia Pagán Salas es profesora del Learning Programs and Systems, Inc. (LPS) Business Consultante and Computer Trainers. Entrevista el 15 de diciembre de 2015 en Guaynabo.

[203] Candelaria Cuello. Entrevista el 25 de noviembre del 2015.

Lucrecia Pérez llegó a Puerto Rico el 25 de diciembre de 1962 con visa de turista ya que en su país a las personas que estaban económicamente bien, les facilitaban este tipo de visa. Ella trabajaba en el seguro social dominicano y se ganaba alrededor de 100 pesos lo cual era suficiente para las necesidades de aquellos tiempos. En la República Dominicana vivía con sus padres. Como ella estaba preparada académicamente, consiguió trabajo con un familiar en Puerto Rico. Así es que decidió quedarse en la isla y comenzó una vida junto a sus familiares. Sufrió, la falta de solidaridad y la deslealtad entre sus hermanos dominicanos, pero aun así se dispuso a triunfar pese a las circunstancias, así es que ingresó a la Universidad de Puerto Rico y se graduó con un bachillerato en química. Actualmente, trabaja para una farmacéutica en Cidra, pueblo donde también reside. Contrajo matrimonio en Puerto Rico y procreó dos hijos los cuales se prepararon en el campo de la medicina y actualmente ambos son médicos. No está en sus planes regresar a la República Dominicana ya que se siente parte de la comunidad puertorriqueña. Exhorta a los dominicanos que emigran a que sean solidarios con sus hermanos y que la lealtad entre ellos siempre prevalezca.

Otro caso fue el de las hermanas Milagros y Joselyn Quezada, quienes salieron de su país en 1965. Estando en New York organizaron una agrupación musical llamada Milli, Joselyn y los Vecinos. La familia Quezada salió de la República Dominicana con sus aportaciones culturales para darle visibilidad a la mujer como artista de merengue.

Sin embargo, todavía nos damos cuenta de que es poco lo que se sabe de la preparación académica y profesional de la mujer dominicana en el ambiente social, político y económico en la isla de Puerto Rico.[204]

---

[204] www.Minority.voc.edu/instilite/2005/st/RosaPerez.com San Juan, Puerto Rico el 15 de noviembre de 2015.

Estas mujeres, en su lucha por superarse, tuvieron fe en su triunfo ante la injusticia que experimentaron durante su trayecto en el caminar. En este capítulo se narró cómo estas mujeres participaron y cambiaron la pobreza y el deseo que le caracterizó de hacerse de un oficio o carrera para estar a la par en su país receptor. Lucharon contra la ilegalidad y la legalidad ya que estaba claro que en ese momento no estaban preparadas para emprender estudios universitarios por su condición de migrantes.

En conclusión, todas ellas dejaron un claro conocimiento que en su país de origen las oportunidades eran escasas. Ya que el generalísimo Trujillo le abría las puertas especialmente a italianas, ofreciéndole un pedazo de tierra y asegurándole que predominaba la estabilidad y la seguridad. Y a ellas les cerraba las puertas como a muchas otras familias dominicanas. Personas honestas que se veían obligadas a refugiarse en cualquier otro país. Carmen Natalia desenmascara las acciones de estos inmigrantes como una realidad vivida por el pueblo judío. Una nación errante, despojada de su tierra, un pueblo perseguido que se había descarriado por el mundo en su inquietud. Estas mujeres vieron a Puerto Rico como una tierra con oportunidades.

A esto, Carmen Natalia nos comenta que:

> Trujillo, un anacronismo de la historia continúa diciendo; Que la Democracia es la atmósfera vital del hombre, si no lo tiene se asfixia como un pájaro dentro de una campana si no tiene libertad; existen pueblos, era síntesis sometidos a la dictadura de un hombre que lo que quieren es perpetuarse en el poder. Estos pueblos no viven, se asfixian en una atmósfera cargada y hostil, negadora de derechos y usurpadora de libertad. Este es el caso del pueblo dominicano sometido por espacio de 20 años.

Portada de la Revista El Flamboyán de la
Universidad Adventista de las Antillas, Mayagüez

CONCLUSIÓN

A través de esta investigación podemos concluir que la aportación de la mujer dominicana no solo se caracterizó por asumir el liderato en un momento de crisis, sino que además mostró su inmenso valor para surgir dentro de una sociedad que limitaba su esfuerzo por superarse. Muchas de estas mujeres integrantes del exilio demostraron su liderato y firmeza luchando por sus principios políticos. La emigración laboral de la mujer dominicana como proceso económico y político tiene varias implicaciones para las sociedades a las cuales se interconectan. Entre las implicaciones podemos mencionar los aspectos políticos y económicos por los cuales emigra y los aspectos sociales y culturales que son parte esencial de ese desarrollo. Un proceso migratorio concreto que se da por la desigualdad de género contribuyendo al mantenimiento o cambio de aquel sistema dentro del cual se considera la reproducción del propio sistema de género.

Esta lucha estuvo inspirada por grandes hombres que creyeron en la importancia de la educación de la mujer dominicana como baluarte de la sociedad. Es por esto por lo que una de las aportaciones de esta investigación va dirigida a ampliar los conocimientos sobre la contribución a Santo Domingo del puertorriqueño Eugenio María de Hostos, quien conoció de cerca a la sociedad dominicana y la defendía a capa y espada forjando ideales concretos en la educación de la mujer dominicana. La obra de Eugenio María de Hostos siempre estuvo al servicio del país. Como parte de nuestro estudio podemos concluir que la contribución de Eugenio María de Hostos fue vital en la formación de las mujeres exiliadas que llegaron a Puerto Rico y las que se educaban en Santo Domingo.

Hostos, en sus postulados sobre la educación científica de la mujer, establecía los beneficios para el hombre y para la sociedad en general. Para Hostos, la mujer educada puede ayudar a las futuras generaciones a vivir en la verdad. Sus escritos relacionados con la educación científica de la mujer son influenciados por el positivismo. Establece que el positivismo como sistema filosófico expone como prioridad las leyes generales del universo. Establece las verdades demostradas por las ciencias y la unidad de la ciencia y la verdad que puede explicar todos los fenómenos físicos y morales. Enfatiza que la moral no tiene sexo lo cual denomina la misma facultad con sus mismas operaciones y funciones entre el hombre y la mujer. Sus postulados establecían que la apertura a la educación científica de la mujer ayuda al progreso de un pueblo. Hostos se dedicó a establecer un programa de contenidos para educar a la mujer para la ciencia.

La consagración de Hostos a la educación dominicana le confiere el título de maestro de maestros. Al regresar a Santo Domingo el 22 de mayo del 1879 se destacó como líder en la fundación de la Escuela Normal en el 1880, se interesa educar inteligentemente a la mujer y consigue que Salomé Ureña de Henríquez funde una escuela normal para señoritas siguiendo sus postulados sobre la educación científica de la mujer. La grandeza de Hostos como educador reside en que supo aplicar el método ecléctico de investigaciones filosóficas en sociedades aquejadas por los males del colonialismo. Para Hostos, como Sócrates, la educación es sinónimo de liberación. Eugenio María de Hostos maestro de niños, maestro de adultos, maestro de maestros podemos llamarle Maestro por excelencia.

Otra lumbrera abolicionista en la historia del cual hicimos referencia en nuestra investigación fue Ramón Emeterio Betances, quien le dio un valor extraordinario en su carta a Eugenio María de Hostos. Le profetiza que su obra magisterial sería visible en la próxima generación dominicana y enfatizaba que el esfuerzo de ambos como de otros patriotas como Román Baldorioty de Castro, sería la semilla que fructificará en el futuro puertorriqueño.

Resaltamos en este estudio, una serie de mujeres exiliadas que se destacaron en Puerto Rico en diversas áreas. Entre las exiliadas que llegaron a Puerto Rico por la situación política que imperaba en su país de origen. Mencionamos a Maricusa Ornes Coiscou, catedrática de la Universidad de Puerto Rico, contribuyendo a la cultura puertorriqueña, Carmen Natalia Martínez con su influencia en el arte y poesía lírica; fue maestra de bellas artes dedicada a los niños. Por otro lado, en Santo Domingo podemos nombrar a Evangelina Rodríguez, contribuyendo a la salud pública del pueblo dominicano y a Ercilia Pepín, quien se destacó en la educación feminista y el derecho al voto de la mujer dominicana.

Destacamos ahora a la mujer de Latinoamérica como lo son: Sor Juana Inés de la Cruz en México, Lola Rodríguez de Tío en Puerto Rico, Gertrudis Gómez Avellaneda en Cuba, Salomé Ureña en República Dominicana, Lucrecia Undarraga en Chile y Juana Manzo en Argentina; todas con su personalidad espontánea han logrado sobreponerse al círculo social. Todos los dominicanos y puertorriqueños animados por un profundo sentimiento de justicia, gentileza y patriotismo seguirán admirando aquellos grandes pensadores e historiadores que han recopilado los textos hostosianos para recordarlo con sus célebres obras desde el 1939, a la memoria del prócer. Se impone la necesidad de mejorar ese legado para así enaltecer su imagen de patriota y sabio.

El propósito de esta investigación fue revisar históricamente los datos relacionados al éxodo de la mujer dominicana a Puerto Rico. Analizamos el desarrollo de la emigración desde el comienzo del régimen autoritario de Rafael Leónidas Trujillo Molina en la República Dominicana. Ya para el 1918 se integraba al ejército nacional el general Rafael Leónidas Trujillo, bajo la presidencia de Horacio Vázquez. Esto le permitió conocer la dinámica del gobierno y la entrada de los estadounidenses.

Se familiarizó con dichos mandatos, estrategia que utilizó para terminar con el gobierno de Horacio Vázquez.

Para la década del 1920-1930, en el gobierno de Horacio Vázquez con su reforma Constitucional y como administrador, se encontraba Ramón Núñez de Cáceres, quien fue parte importante de este gobierno y que desarrolló el periodo de prosperidad conocido como "La danza de los millones", aunque luego fuera asesinado provocando una crisis en el país. Esta crisis de 1924 formó una catatumba para el pueblo ya que la bonanza económica cayó y los estadounidenses se retiraban del país después de estar ocho años en el mismo.

A partir de 1930 finalizó el gobierno de Horacio Vázquez haciendo su entrada el gobierno del General Rafael Leónidas Trujillo comenzando la "odisea del pueblo dominicano" en contra del régimen de Trujillo. El derrocamiento del General Trujillo ocurre el 30 de mayo del 1961 quedando entonces un nuevo régimen. ¿Quién? Nada menos que Joaquín Balaguer hombre culto, ilustrado que tomó el poder y según sus allegados nunca se lucró ni sacó beneficios. Durante la primera década de su mandato el 80% de sus habitantes estaban alfabetizados en la educación, en las áreas de infraestructura. Fue visible la prosperidad en obras públicas y la economía prosperó generando empleos con la tecnología y la agricultura. En el área de los deportes se hicieron sentir los avances en el béisbol y peleas de gallos que han dado sus frutos hoy en día.

La situación de la mujer dominicana en la Era de Trujillo fue bien difícil ya que la libertad de expresión en la mujer era escasa; toda la gloria y honra parece que la heredaba el hombre. La dictadura de Trujillo al iniciar la década del 1930 coincidió con el feminismo que tomaba auge para el mismo tiempo en la República Dominicana y representó un obstáculo para el desarrollo de la dictadura y la participación de la mujer tan temprano como para el 1932. Ercilia Pepín, una distinguida líder feminista y educadora, se manifestó en contra de la tiranía ya que podemos indagar que estas mujeres estaban muy adelantadas en su educación. ¿Qué pasó con la educación de la mujer dominicana? Es por eso que la relevancia de esta era del régimen tuvo gran importancia en una época donde la mujer por ser discriminada tuvo que enfrentar grandes retos y contratiempos para lograr una educación de excelencia. Sabemos que la base fundamental del desarrollo cultural y económico de un país descansa en la educación. En 1942 la mujer dominicana tuvo la oportunidad de ejercer su derecho al voto, igualdad salarial y derechos laborales. Hay que destacar que la mujer dominicana llegó tarde a la educación, tarde a la política y tarde a la vida pública.

Según Frank Moya, el general Trujillo se apoderó del país para desarrollar una riqueza nacional. En este estudio encontramos que surgieron una serie de grupos organizados dentro de la ideología comunista y socialista con fines de derrocar al gobierno. Entre ellos se encontraba el líder socialista Juan Bosch exiliado en Puerto Rico bajo el gobierno de Luis Muñoz Marín. En esa oleada surgieron los exiliados por mandato de la Organización de las Naciones Unidas en el 1950.

Luego de la muerte del General Trujillo el 30 de mayo 1961, hizo su entrada al poder el Dr. Joaquín Balaguer, historiador y escritor. Mediante las elecciones de 1963 el partido Revolucionario Dominicano dirigido por el profesor Juan Bosch tomo el poder. Su mandato duró seis meses porque fue derrocado por las Fuerzas Armadas de Santo Domingo. Luego del derrocamiento del líder Juan Bosch se inició la entrada de las tropas norteamericanas en la guerra civil del 25 de abril de 1965, el clima de inestabilidad política y social de sus habitantes se hizo sentir.

Por otro lado, entre 1961 a 1975 periodo que abarca esta investigación encontramos que la emigración se intensificó y presentó un riesgo y un gran sacrificio ya que muchas de estas personas naufragaron y vivían en hacinamiento por su lucha superando tan atrevida travesía. Estas personas pertenecían a la clase media baja, aunque otras eran personas que venían con su preparación académica en muchas áreas como leyes, medicina e ingeniería de la República Dominicana y esto lo afirmó Jorge Duany en el censo de 1970. Según Duany a pesar de las condiciones antes mencionadas ellas se encontraban con un espíritu de superación y buscaban ayuda para salir hacia adelante y obtener un cuarto año de escuela superior, grados asociados, bachilleratos, maestrías y doctorados.

En Puerto Rico, a su llegada hicieron notar su descontento ya que la emigración representa un rompimiento en las costumbres, valores y tradiciones en sus normas culturales. En muchos casos envuelve la separación de esposo e hijos, esto se hace a veces en contra de los deseos de los familiares y amigos. Se comprobó que la mayoría de las veces su estatus era ilegal por lo cual tomaban trabajos de bajos salarios. La legalidad contribuyó en gran medida a su formación académica para continuar su lucha y completar sus grados universitarios. Se comprobó en los cuestionarios y las entrevistas que hacían sentir la veracidad de su preparación académica y los escollos que se les presentaban.

Se realizaron veinticuatro entrevistas en las cuales hicieron sentir sus inquietudes y problemas a la hora de prepararse y también los prejuicios por lo cual se vieron envueltas. Otras, sin embargo, para ser elegibles en ayudas tenían poco conocimiento de las leyes de Puerto Rico y con su esfuerzo terminaron sus estudios trabajando en lugares en los que no requería dar mucha información y de esa forma ganaban su dinero para pagar sus estudios. Contaban con instituciones cívicas y sin fines de lucro, entidades religiosas y sociales. Pude comprobar en las entrevistas que tomaron carreras técnicas como secretarial, en el área de salud, ama de llaves y muchas se destacaron en el área de cosmetología e instalando su propio negocio.

En las entrevistas que realizamos encontramos personas que vinieron a Puerto Rico entre el 1961-1975 acompañadas de sus progenitores y las razones fueron las siguientes: por problemas políticos, revoluciones y necesidades económicas. Otras contaban con los medios necesarios y cambiaban de residencia para irse a estudiar, establecer negocios y buscar mejores salarios, porque su país de origen se lo negaba. En el área oeste de Mayagüez encontramos que su preparación académica era secretarial, luego enfermería, educación primaria y secundaria, administración comercial y un caso en educación en salud, la mayoría eran solteras y muy pocas casadas y no reflejaban la edad. Entre los hallazgos encontramos profesoras que se quedaron en la misma universidad ejerciendo su profesión. Otras se destacaron en el área de biología para continuar carreras en medicina para ejercer en Puerto Rico.

En términos generales, sobre estas entrevistas podemos concluir que se repetía el elemento de ayudar a sustentar el hogar ya sea el dejado en la República Dominicana como el que tenían en el país receptor. Cuando observamos las contestaciones sobre su preparación en Puerto Rico, vemos cómo estas mujeres aumentaron considerablemente sus ingresos los cuales permitieron aportar al desarrollo de su familia y a la vez a la sociedad a la cual se integran. Estos sacrificios realizados por ellas les permitieron tomar control de las decisiones relacionadas con sus estudios para un mejor futuro. Los grados académicos de las entrevistadas fueron de bachilleratos, maestrías y doctorados, ocupando puestos en agencias del gobierno, empresas privadas, universidades y en negocios propios.

Realizamos además un estudio de los anuarios de la Universidad Adventista de las Américas en Mayagüez para identificar las distintas profesiones que estudiaron las mujeres dominicanas en esa institución. En este estudio se documenta que los anuarios de dicha institución fueron muy certeros y nos dieron la oportunidad de confirmar que 207 mujeres dominicanas lograron terminar su preparación académica. Lo que no sabemos es si se quedaron en la isla o emigraron.

Para concluir, estas mujeres que vinieron a Puerto Rico en busca de mejores oportunidades dado el clima de inestabilidad que permeaba en su nación llegaron a alcanzar su sueño de profesionalizarse y servirle a Puerto Rico sin ser una carga para el país receptor. Entiendo que esta investigación apenas ha sido el comienzo de los esfuerzos de querer lograr sus sueños, a veces negándose a sí mismas salir a la luz por los prejuicios existentes de su condición de emigrante. Es necesario continuar escudriñando los documentos valiosos que proporcionan rica información sobre las grandes aportaciones de la mujer dominicana en la historia de los dos países que reseñamos. La historia debe incluir las aportaciones de estas grandes mujeres, tanto las exiliadas anti trujillistas que libraron su lucha en la República Dominicana y en el exilio en Puerto Rico, como las mujeres profesionales que llegaron a aportar al país receptor y las que llegaron sin estudios buscando mejorar su condición económica y la de su familia. Lucha que no fue personal, sino que benefició tanto a la República Dominicana como a Puerto Rico y mejoró la condición social de la mujer de fines del siglo XX, extendiéndose a sus familias e hijos.

Una vez logradas sus metas de profesionalizarse, sienten el deseo de ayudar a sus progenitores para que se preparen académicamente en su país de origen. Sería interesante poder mirar documentos que nos dirijan a estudiar ese legado a sus propios hijos ya nacidos en Puerto Rico, de manera que podamos tener la perspectiva del impacto del esfuerzo de estas mujeres por superarse en el área profesional sirviendo a su generación venidera. Ellos mismos pueden tener unos niveles de organización y sería fundamental porque ese sería el instrumento más adecuado para estar unidos. Ayudarse y luchar por sus derechos y necesidades como seres humanos. Exhortamos a los nuevos investigadores a unir todos estos elementos que, sin duda alguna, darían lugar a otros temas que pueden ser estudiados.

BIBLIOGRAFÍA

Fuentes Primarias:
Archivo General de la Nación: Candelario Ginette E. Miradas Descendentes. Centro de Estudios de Género. Eritec. Santo Domingo.

AGN: Fondo de Documentos Municipales. Juicios Verbales de Mujeres dominicanas.

AGN: Centro de Estudios de Géneros. Intec. Calendario. República Dominicana.

AGN: Tratado de Derecho Electoral. Amparo Valerio Leonardo. República
Dominicana.2009.

Archivo General de Puerto Rico: Luis Muñoz Marín. Serie de Artículos Escritos por el Gobernador. Cartapacio #14. Caja 7. Documento 2. 13 de julio.
San Juan.

AGPR: boletín Eclesiástico Arquidiócesis de San Juan.julio-agosto.1951.

AGPR: Fondo de Documentos Municipales Mujeres Dominicanas 1961.
Universidad Adventista de Mayagüez. La Imagen y Fotografía como Documento Histórico 1961-1975.

AGPR: Peinado Jacinto B. Celebre anécdotas, Dios y Trujillo. Cap.5 vol.2.
San Juan1950.

AGPR: Fondo de Gobernadores. La Era de Trujillo, José Figueres. Caja 1229.
Serie 2, Mayo de 1961.

AGPR: Boletín Informativo URD. Mandato de las Naciones Unidas de la
República Dominicana. Tomo 9 caja 1230. Enero 1959.

AGPR: Oficina del Gobernador. Trujillo dirige mensaje al Pueblo Dominicano. P. 23-31. San Juan. 1951.

AGPR: Boletín Informativo. Discurso de Rafael Leónidas Trujillo. Caja
500.portada del 1 al 36. San Juan. 1958.

Fundación Luis Muñoz Marín. Mensaje sobre la Dictadura. Colección Inés Mendoza Caja 2 carpeta 63 tomo 2. Trujillo Alto.1951.

Oficina de Estudiantes Internacionales e Intercambios, Plaza Universitaria Torre Norte Universidad de Puerto Rico. Rio Piedras.

Universidad de las Antillas, Mayagüez. Censos de Anuarios. 1961-1975. Anuario. Revista Flamboyán. 1961.

Anuario. Revista Flamboyán 1962-1975.

Documentos Impresos:
Romero Barceló, Carlos. Primera Conferencia Educativa Estatal. Centro de Convenciones. San Juan. 1983.

Duanny, Jorge. "Cubarriqueño". Desde niño se sintió perturbado cuando le preguntaron ¿de dónde eres? Generalmente contestaba "Nací en Cuba pero me crie en Puerto Rico", *El Nuevo Día*. San Juan, 13 de febrero de 2008.

Entrevistas:
Castillo Venecia M. Mayagüez, Puerto Rico. Julio 5, 2010.
De la Cruz Marina. Mayagüez, Puerto Rico. Enero1, 2012.
Guerrero Hilda. Santurce, Puerto Rico. Abril 27, 2009.
Guzmán Ángela. Humacao, Puerto Rico. Abril 29, 2009.
Hernández Zoraida. Rio Piedras, Puerto Rico. Abril 18, 2009.
Matos Carmen L. Bayamón, Puerto Rico. Abril 29, 2009.
Mejías Josefina. Rio Piedras, Puerto Rico. Diciembre 22, 2009.
Montilla Teresa. Rio Piedras, Puerto Rico. Enero 21, 2009.
Muñiz María Luisa. Hato Rey, Puerto Rico. Abril 17, 2009.
Nina Olga Mercedes. Rio Piedras, Puerto Rico. Mayo 10, 2012.
Olivo Paula. Hato Rey, Puerto Rico. Enero28, 2009.
Ortega Maribel. Abril 30, 2009.
Puello Virtudes. Rio Piedras, Puerto Rico. Diciembre 28, 2008.
Reyes Marta. B. Rio Piedras, Puerto Rico. Febrero 23, 2009.
Reynoso Sara. San Germán, Puerto Rico. Agosto 1, 2009.
Rufino Nivar Josefina. Bayamón, Puerto Rico. Enero19, 2009.
Valenzuela Noris. Monte Cristy, Santo Domingo, República Dominicana. Mayo 11, 2009.

Periódicos:
El Caribe.

El Mundo.
Primera Hora.
El Nuevo Día.

Fuentes Secundarias:
Arragi, Mariví. "Trayectoria del feminismo en la República Dominicana", *Ciencias y Sociedad.* Santo Domingo, vol. XIII, num.1. enero-mayo. 1998.

Aponte Roque, Awilda. *Conmemoración del centenario de Eugenio María de Hostos (1839-1889).* Departamento de Instrucción Pública. Hato Rey. 1987.

Aragunde Rafael. *Hostos: Ideólogo, Inofensivo y moralistas problemáticos.* Publicaciones Puertorriqueñas. San Juan, Puerto Rico. 1998.

Betances, Ramón Emeterio. *Las Antillas para los antillanos.* Instituto de Cultura Puertorriqueña, Editorial Universidad de Puerto Rico. San Juan, Puerto Rico. 2001.

Bosch, Juan. *Elecciones del 20 de diciembre de 1961.* Santo Domingo. 1965.

_____. *Hostos, el sembrador.* Ediciones Huracán Inc. Rio Piedras. 1976.

_____. *Líder prodemocracia 1950-1960. Exiliado.* Editorial Letras Gráficas. 1963.

Collado, Lipi. *Anécdotas y Crueldades de Trujillo.* Editorial Collado, S.A. República Dominicana. 2002.

Cuevas, Carmen Leila. *Semblanzas de Adolfo de Hostos.* Puerto Rico: Academia de Artes y Ciencias de Puerto Rico. 1993.

De Hostos Eugenio María. *La Educación Científica de la Mujer.* Editorial de la Universidad de Puerto Rico.1993.

_____. *Aforismos.* Instituto de Cultura Puertorriqueña. San Juan, Puerto Rico. 1987.

De la Rosa Abreu, Aida Luz. *La Identidad Cultural de la Mujer dominicana en Puerto Rico.* Biblioteca José M. Lázaro, Universidad de Puerto Rico. 2002.

Demorizi, Rafael Emilio. *La Muerte de Trujillo según sus autores y los papeles de Ramfis*. Fundación Central Dominicana. Editorial Búho. Santo Domingo. 2006.

Duany Jorge. *Los dominicanos en Puerto Rico*. Edición Huracán. Rio Piedras, Puerto Rico. 1990.

Fernández Méndez, Eugenio. *Crónicas de las Poblaciones Negras en el Caribe francés*. Editorial de la Universidad de Puerto Rico. San Juan. 1996.

Figueroa, Loida. *Hostos: ensayos inéditos*, Editorial Edil. Rio Piedras, Puerto Rico. 1987.

Folguera, Pilar. *Como se hace la historia oral*. Edición Eudelma. España. 1994.

Gómez Petronila, Ángela. *De historia del feminismo dominicano*. Editorial Librería Dominicana. Ciudad Trujillo. 1952.

Gregorio Gil, Carmen. *Migración femenina: Su impacto en las relaciones de género*. Narcea. Madrid. 1998.

Hernández Algueira, Luisa. *La Migración de Mujeres Dominicanas hacia Puerto Rico*. Ediciones Huracán. San Juan. 1990.

Herreras Mora, Myrna. *Mujeres Dominicanas 1930-1961. Exiliadas, antitrujillistas en Puerto Rico*. Editorial Isla Negra. República Dominicana. 2008.

Lamgueword Scott, Dorothy. *Mujer Triunfadora*. Fondo Educativo Interamericanos S.A. Editorial Addison Wesley Publiching Inc. México. 1976.

López, Julio Cesar. *Para todos los días*. 6ª ed. Instituto de Cultura Puertorriqueña. San Juan 1999.

López González, Mayra. *Inmigración sin asimilación*. Biblioteca del Centro de Estudios Avanzados de Puerto Rico y el Caribe. San Juan. 2014.

Maldonado, Denis Manuel. *El Pensamiento Social Iberoamericano*. Fondo Cultural Económico. México. 1992.

Margesini, Gabriela. *Extranjeros en el Paraíso*. Editorial Virus. Barcelona. 1994.

Mathew, Federico. *Emigrantes Indocumentados en Puerto Rico*. Universidad Interamericana de Puerto Rico. San Germán, Puerto Rico. 2003.

Méndez, José Luis. *Hostos y las Ciencias Sociales*. Editorial Universidad de Puerto Rico. Rio Piedras. 2003.

Mirabal, Dede. *Vivas en su Jardín. La verdadera historia de las hermanas Mirabal y su lucha por la libertad*. Vintage. New York. 2009.

Montañez, Rafael. *Historiando un historiador*. Universidad de Puerto Rico. Rio Piedras. 1936.

Morales Carrión, Arturo. *Tras las Huellas del Hombre y Mujer negra en Puerto Rico*. Editorial Universidad de Puerto Rico. Rio piedras. 2005.

Mora, Gabriela. *La Educación Científica de la Mujer*. Editorial Universidad de Puerto Rico. Rio Piedras. 1953.

Moya Pons, Frank. *Manual de historia dominicana*. Editora Caribbean Publisher. Santo Domingo.2002.

Novas, José. *La emboscada final. Muerte y funeral del Generalisimo*. Paulino. 2014

Neyland, Karim. *Negociando la aldea Global con un pie aquí y otro allá*. Editorial Búho. Santo Domingo. 2006.

Ornes, Maricusa. "El Teatro Infantil en Puerto Rico". *Revista del Instituto de Cultura Puertorriqueña*. Julio/diciembre 1961.

Pedreira, Antonio S. *Hostos, Ciudadano de América*. Editorial Edil. Rio Piedras. 1976.

Peynado, Jacinto B. *Adorador y autor de la célebre anécdota llamada Dios y Trujillo*. Archivo General de Puerto Rico. Caja # 5 volumen 2. 1950.

Rodríguez, Nicasio. *Cuadro década de migración: remesas impacto de las económicas dominicanas.* Santo Domingo. 1970.

Rojas Osorio, Carlos. *Hostos apreciación filosófica.* Colegio Universitario de Humacao. Instituto de Cultura Puertorriqueño. 1988.

Suarez Díaz, Ada. *El Antillano. Biografía de Ramón Emeterio Betances.* Biblioteca del Centro CEA.

Todd, Roberto H. *Eugenio María de Hostos. Lo conocí en Madrid.* Ediciones Iberoamericana S.A. 1965.

Torres, Braulio. *Cautivo de mi Verdad.* Alfa y Omega. República Dominicana. 2012.

Trujillo Martínez, María de los Ángeles. *Trujillo mi padre, en mis memorias Angelita.* España. 2009.

Tesis:
De la Rosa Abreu Aida Luz. *Identidad cultural de la mujer dominicana en Puerto Rico.* Universidad de Puerto Rico.

Revistas:
Arroyo, Anita. "Hostos y Martí Universal", *Revista del Instituto de Cultura Puertorriqueña*, tomo1, vol.2, año 1964.

Benítez Jaime. "Discurso pronunciado por el rector Jaime Benítez. Convención de Orientación Social, Problema de Emigración". *Revista Colecciones Puertorriqueñas.* 9 de diciembre de 1955.

Duany, Jorge. "Emigración Dominicana en Puerto Rico". *Revista Educativa de la Emigración* vol.13 núm.1, San Juan, Puerto Rico.1989.

_____. *Notion on the move: The construction of cultural identities in Puerto Rico and the diaspora,* Vol 27, Núm. 1, febrero 2000, pp. 5-30

Educación, Publicación del Departamento de Instrucción Pública, Estado Libre Asociado de Puerto Rico, número 2, mayo-junio 1961.

El Sol, Revista Oficial de la Asociación de Maestros de Puerto Rico, 1961.

Figueres, José. "Mandato de las naciones unidas dominicanas". Revista URD Tomo 9. Enero 1959.

Martínez, Carmen Natalia. "Régimen Dictatorial. Boletín Comité puertorriqueño pro- democracia dominicana". *Revista del Instituto de Cultura Puertorriqueña.* Director René Jiménez Malaret-1950.San Juan P.R.

Rodríguez, Néstor. "La Isla y sus revés". *Revista del Instituto de Cultura Puertorriqueña.* Edición enero/junio. San Juan, Puerto Rico.2003.

Torres, José Antonio. "Hostos y la Literatura infantil", *Asomante,* 2da serie, núm. 4, enero/junio 1954.

Valldejuli Rodríguez, Juan. "Don Eugenio María de Hostos político y patriota", *Boletín de la Academia de Artes y Ciencias,* 1962.

Fuentes en líneas
Agencia Publiched, agosto 8, 2007. http/www.thelelger.com.Noviembre 15 de 2015.

Delmonte y Tejeda, Antonio. Historia de Santo Domingo. Vol. III. https:/archive.org.details -2006.

Gómez Martinez, José Luis. http://www.ensayistas.org/antologia/.

Prud Home, Emilio. Himno Nacional de la República Dominicana .www.jmarcano.com. marzo10, 2015.

Santiago, Javier. Para la Fundación Nacional de la Cultura Popular. Publicado el 6 de julio 2014. Accesado el 11 de abril de 2914. Http; // pospop.org/ bibliografías, Sandra Zaiter.

Santa A. Pérez Nivar

SOBRE LA AUTORA

Santa Argentina Pérez Nivar es natural de San Cristóbal, República Dominicana. Sus estudios primarios y secundarios los realizó en el Colegio San Rafael de su pueblo natal. Al emigrar a Puerto Rico durante los años 70' se graduó de cosmetología de la Academia Puertorriqueña de Belleza en Santurce. Luego continuó sus estudios en Bachillerato en psicología y educación en la Universidad Interamericana de Hato Rey. Completó estudios de maestría en el Recinto de Cupey de la misma universidad. Fue profesora en la escuela superior Margarita Janer Palacios en Guaynabo. Su inquietud fervorosa no se quedó allí, por lo cual ingresó al Programa Doctoral de Historia de la Universidad Interamericana, Recinto de Cupey. Su interés primordial fue estudiar el desarrollo académico y profesional de la mujer emigrante dominicana ya que le inquietaba el estatus de esta y la visión peyorativa que se había gestado, la cual estaba muy lejos de la verdad. En diciembre del 2016 completó su PhD. en Historia y hoy es una ferviente defensora de los derechos y el deseo de las mujeres por superarse.

Made in the USA
Middletown, DE
30 October 2023

41324492R00089